方言学入門

木部暢子・竹田晃子・田中ゆかり・日高水穂・三井はるみ 編著

三省堂

まえがき

　この本を手に取ってくださった方へ。まず、ぱらぱらと本のページをめくってみてください。たくさんの図表が目に入ってくると思います。左側のページに文章、右側のページに図表、これがこの本の基本型です。

　図表をふんだんに盛り込んだのは、できるだけ多くの人に、全国の方言の様子を知っていただきたいと考えたからです。多くの人にとって、全国各地の方言はおそらく、「○○方言」という漠然としたイメージだけの存在で、具体的な内容については、ほとんど未知の世界だと思います。最近は、マスメディアで方言が流れることが増えてきましたが、それでも、それはごく一部の方言に限られています。共通のバックグラウンドがない中、各地の方言の状況を理解してもらうにはどうすればよいか。その答えが図表をふんだんに使うということだったのです。

　また、大学や短大で「方言学」の講義を担当している教員には、授業の内容に合わせて図表資料を作っている人がたくさんいます。「このような資料が共有できたらな」ということも、図表を多く載せたことにつながっています。

　この本のもう一つの特徴は、地理的なことばの違いと同時に、それが社会の中でどのように位置づけられているか（位置づけられてきたか）を取り上げた点にあります。

　方言の全国調査は、最初は標準語の普及のためという名目で行われました。それ以降、方言は標準語に比べて劣るものという価値観を背負わされ、それでも力強く生きてきました。しかし、近年、各地の方言が消滅の危機に直面するという事態が生じています。「消滅の危機」というと、アイヌ語や琉球語、八丈語のことだと思われるかもしれませんが、本土の方言も例外ではありません。本書でも述べているように、むしろ、都市に近いところの方言のほうが危機の度合いが高いかもしれません。

　このような状況と反比例して、方言の評価は上昇傾向にあります。ネ

ットやメールの文章に方言が使われ、街には方言看板が多く見られるようになりました。「書き言葉」になるくらい、方言の価値が上がったわけです。

　方言は社会を映す鏡のような存在です。方言のもつこのような側面については、この本の第4章、第5章で取り上げています。

　この本は、5章立てで、各章に5〜6の課を設けています。各章と各課は独立していますので、どこから読んでもかまいません。また、途中をとばして読んでもかまいません。付章「調べてみよう」では、章ごとに調査のテーマを例示し、調査のためのヒントをあげています。この本を読んでくださった方が一人でも多く付章を利用して、方言を調査してくだされば、こんなに幸せなことはありません。

　最後に、図表の転載について、快く承諾してくださいました原著者の方々に深く感謝申し上げます。最初に申しましたように、この本は、図表の力に多くを負っています。原著者の方々のご承諾なしには、そもそもこの本自体が成り立ちませんでした。本当に、ありがとうございます。また、この本の企画と作成に最初からかかわり、私たちを叱咤激励しつつ出版まで引っ張ってくれた三省堂の飛鳥勝幸さんにも深く感謝いたします。

　2013年5月

木部暢子

目次

まえがき 1

第1章　地図から見えることばの地域差 8

第1課　方言の区画 8
　①東條操の方言区画 8
　②言語と方言 10

第2課　方言の東西差 12
　①東西対立分布 12
　②東西対立分布の例 14

第3課　周圏論的分布 16
　①古語は辺境に残る 16
　②近畿中央部方言の影響力 18

第4課　逆周圏論的分布 20
　①辺境で進む言語変化 20
　②言語変化を抑制する規範意識 20

第5課　いろいろな分布 24
　①方言分布のタイプ 24
　②遠隔地に分布する類似語形の解釈 26

第6課　グロットグラム―地点×年齢差― 28
　①グロットグラムとは 28
　②斜めの等語線 28
　③見かけの時間の変化と実時間の変化 30

第2章　ことばの仕組みから見える地域差　32

第1課　発音の地域差　32
- ①母音の地域差　32
- ②子音の地域差　34

第2課　アクセントの地域差　36
- ①アクセントの全国分布　36
- ②諸方言のアクセント体系　38

第3課　イントネーションの地域差　40
- ①疑問文は上昇調？　40
- ②新しいイントネーションの誕生と伝播　41

第4課　アスペクトの地域差　44
- ①東日本の「ている」、西日本の「よる」「とる」　44
- ②アスペクト体系の東西差　46

第5課　条件表現の地域差　48
- ①順接仮定条件表現—「ば」と「たら」の地域差—　48
- ②原因理由表現　50

第6課　方言のオノマトペ　52
- ①オノマトペとは　52
- ②オノマトペと名詞・動詞・形容詞　52
- ③オノマトペの地域差　54

第3章　コミュニケーションから見えることばの地域差　56

第1課　あいさつの地域差　56
- ①朝の出会いのあいさつ　56
- ②買い物のあいさつ　58

第2課　話の進め方の地域差 60
　　　①相手に説明するときの話し方 60
　　　②お祝いを伝えるときの話し方 62
　第3課　コミュニケーション意識の地域差 64
　　　①関西的な会話スタイル 64
　　　②会話スタイルを支えるコミュニケーション意識 66
　第4課　昔話の語り方の地域差 68
　　　①昔話の様式性 68
　　　②昔話の「語りの型」 70
　第5課　待遇表現の地域差 72
　　　①敬語表現の地域差 72
　　　②卑罵表現の地域差 74

第4章　社会の変化から見えることばの地域差 76

　第1課　共通語化・標準語化 76
　　　①共通語・標準語化の全国的な傾向 76
　　　②共通語化の進み方 78
　第2課　方言と共通語の使い分け 80
　　　①場面による使い分け意識 80
　　　②談話に現れる使い分けの実相 82
　第3課　伝統方言の現在 84
　　　①衰退が速い語（表現）、遅い語（表現） 84
　　　②方言に対する意識 86
　第4課　中間方言の発生 88
　　　①ネオ方言 88
　　　②気づかない方言と疑似標準語 90

第5課　新しい方言の発生と広がり　　92
　　①新しい方言の発見　92
　　②新しい方言の広がるはやさ　94
第6課　近代化によることばの地域差　　96
　　①学校方言　96
　　②新しい事物・制度に関する用語　98

第5章　「方言」から見える日本の社会　　100

第1課　方言の社会的位置づけの変遷　　100
　　①方言に対する受けとめ方　100
　　②新聞記事・投書に見る方言の社会的価値の変遷　100
　　③「方言コンプレックス」から「方言プレステージ」へ　102

第2課　地域資源としての「方言」　　104
　　①観光誘致に活用される方言　104
　　②「生活言語」から「イメージ創出言語」へ　106

第3課　言語意識から見た地域類型　　108
　　①言語意識から見た地域類型　108
　　②方言と共通語の使い分けの観点から見た地域類型のいろいろ　108
　　③類型間の比較　111

第4課　ヴァーチャル方言と方言ステレオタイプ　　112
　　①リアル方言とヴァーチャル方言　112
　　②方言ステレオタイプとその背景　113

第5課　社会現象としての「方言」―「方言コスプレ」という現象―　　116
　　①「方言コスプレ」とは？　116
　　②「方言コスプレ」の背景　117
　　③「方言らしさ」を表す部分　118

第6課　方言研究の社会的意義 ……………………………………………… 120
　　　1 標準語選定のための方言調査 ………… 120
　　　2 方言の成立や地域の言語生活を解明するための方言調査 ………… 121
　　　3 社会に貢献する方言研究 ………… 122

付　章

調べてみよう ……………………………………………………………… 124

主要参考文献 ……………………………………………………………… 129
主要索引 …………………………………………………………………… 135
編著者紹介 ………………………………………………………………… 143

第1章 地図から見えることばの地域差

第1課 方言の区画

1 東條操の方言区画

　日本語には、方言がいくつあるでしょうか。これは、世界に言語がいくつあるかという問いと同じで、大変、難しい質問です。いくつと数えるためには、まず、各地の方言をその特徴によって区分しなければなりません。しかし、これが結構、大変です。言語は音韻や文法、語彙など、多様な特徴をもっています。1つの単語や1つの文法現象なら、語形が異なる部分に境界線を引いて、分布領域を分けることができますが、多様な特徴を総合して境界線を引くことは、かなり困難な作業となるからです。実際、最初に方言を区画した東條操も、第一次案（1927）、第二次（1934）、第三次案（1953）と修正を加えながら、最終案に至っています。図1は、そのうちの第三次案（最終案）を示したものです。

　これを見ると、まず、日本語を本土方言と琉球方言の2つに分け、次に、それぞれを東部方言・西部方言・九州方言、奄美方言・沖縄方言・先島方言に分け、さらに東部、西部、九州の方言を小さな方言に分けています。本州を東部方言と西部方言の2つに分ける点（つまり、中部方言を独立させない点）、岐阜・愛知を東日本に所属させる点、佐渡を西部方言に所属させる点などが最終案の特徴です。これは、最終案までの間に進んだ各地のアクセント調査の結果を重視したためです。また、八丈島方言の調査が進んだことにより、これを東部方言の中に独立して位置づけています。

　琉球に関しては、この時代は琉球方言の調査が不十分だったため、分類が荒くなっています。現在は、次のような区画が一般的です。

　　琉球 ｛ 北琉球…奄美（北奄美、南奄美）／沖縄（北沖縄、南沖縄）
　　　　　 南琉球…宮古／八重山／与那国

　このように、東條の区画で十分というわけではありませんが、これにより方言の数を数えてみると、本土方言13（小分類では21）、琉球方言

3の計16ということになります。ついでに、世界の言語がいくつかというと、現在のところ6000～7000と言われています。

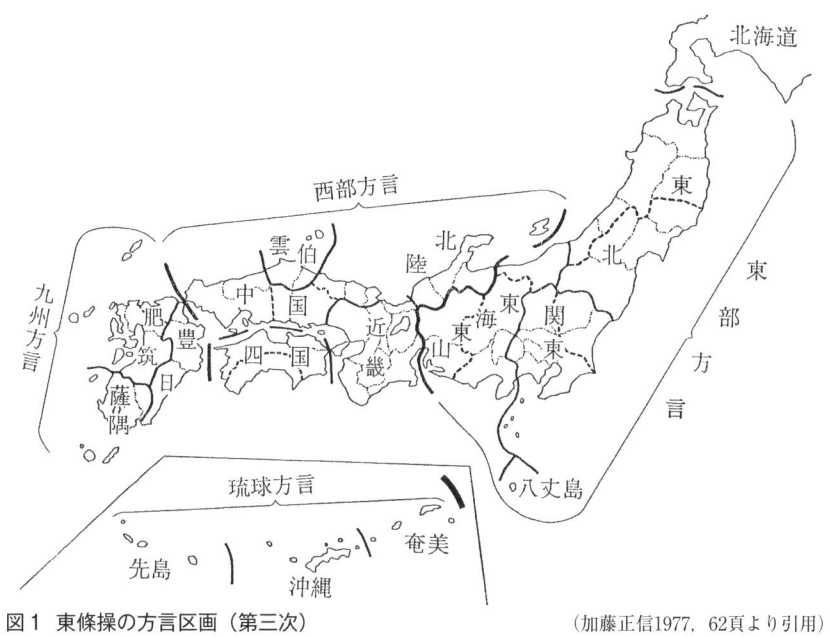

図1　東條操の方言区画（第三次）　　　　　　　　（加藤正信1977, 62頁より引用）

本土方言 ｛ 東部方言…北海道方言／東北方言（北奥方言、南奥方言）／関東方言（東関東方言、西関東方言）／東海・東山方言（越後方言、長野・山梨・静岡方言、岐阜・愛知方言）／八丈島方言

西部方言…北陸方言／近畿方言／中国方言（東山陰方言、東山陽方言、西中国方言）／雲伯（うんぱく）方言／四国方言（阿讃予（あさんよ）方言、土佐方言）

九州方言…豊日（ほうにち）方言／肥筑（ひちく）方言（筑前方言、中南部方言）／薩隅（さつぐう）方言

琉球方言……………奄美方言／沖縄方言／先島方言

第1章　地図から見えることばの地域差

2 言語と方言

　ここまで、琉球のことばを「琉球方言」「沖縄方言」のように「〜方言」と呼んできました。しかし、最近は「琉球語」「沖縄語」のように「〜語」と呼ぶことが多くなってきました。「〜語」と「〜方言」はどう違うのでしょうか。

　この問題については、言語学的な面と政治的な面の２つの面から考察する必要があります。まず、言語学的な面からは、「２つの言語体系が互いに（おおよそ）理解可能であれば、それらは同一言語の方言と見なされる」（デイヴィッド・クリスタル著、斎藤／三谷訳2004）という基準によって、言語と方言が分けられます。たとえば、東京語と大阪語（ここでは便宜的に「〜語」としておきます）は、アクセントや単語、表現法などに違いがありますが、互いにほとんど理解可能です。したがって、両者の関係は「方言」です。青森語と東京語はどうでしょうか。じつは、青森語は東京の人にとって、ほとんど理解できません。ならば、両者は別の言語かというと、そうではありません。両者の間には、岩手語、宮城語、福島語、茨城語……のように、いくつかの言語が分布しています。そして、隣り合う言語同士は、お互いに理解が可能です。これらを介して、青森語と東京語は「方言」の関係にあると考えられます。

　では、沖縄語と東京語はどうでしょうか。東京の人にとって沖縄語は理解不可能です。しかも、両者の間には、途中に介在する、理解可能な言語がありません。したがって、言語学的には、沖縄語と東京語の関係は、「方言」ではなく、「別の言語」ということになります。ただ、よく見ると、沖縄語と東京語には、もとが同じと思われる単語や現象がたくさん存在します。別の言語だとしても、両者がもとのところで何らかのつながりをもっていたことは間違いありません。

　次に、政治的な面からは、国という概念が「言語」と「方言」を分ける基準になります。たとえば、スペイン語・ポルトガル語・イタリア語は、互いに理解が可能です。しかし、これらは「方言」とは呼びません。言

うまでもなく、それぞれが独立した国で話されているからです。言語学的な基準では「方言」であっても、政治的な基準により「別の言語」と位置づけられるわけです。このような例は、世界中にたくさんあります。

　琉球語は、これと逆の背景をもっています。すなわち、琉球は江戸時代まで独立した国でしたが、明治以降、日本に所属することになりました。それにより、「琉球語」を「琉球方言」と呼ぶ事態が生じたわけです。東條の区画でも「琉球方言」が使われています。しかし、近年、言語学的な基準にしたがって「琉球語」と呼ぶ動きが出てきています（木部2011）。

　琉球語だけでなく、全国の方言を見直そうという意見があります。それを示したのが図2（真田2007）です。日本は小さな島国だと言われますが、ヨーロッパの地図の上に日本を置いてみると、その広さはヨーロッパの大半の地域をおおっています。ことばの上でも、日本の諸方言は、ドイツ語とフランス語、スペイン語とポルトガル語、……のように、別の言語同士の関係に匹敵します。日本の方言は、そのくらい多様だということなのです。

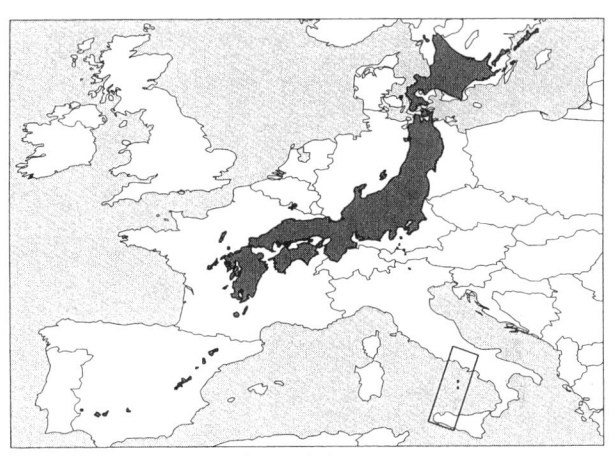

図2　ヨーロッパの地図の上に日本を置いてみると（真田2007, 68頁）

第2課 方言の東西差

1 東西対立分布

　方言形の分布パターンを見ていると、東と西で語形がきれいに分かれて分布していることがよくあります。図1は「居る」の地図ですが、本州の中央部を境として、東に「イル」が、西に「オル」が分布しています。このように、語形Aと語形Bが1つの境界線によって東西にきれいに二分されるような分布を「東西対立分布」と言います。東西の境界線は、新潟県西端の糸魚川市と静岡県西端の浜名湖を結ぶ線で、地質学でいうところの「糸魚川静岡構造線」とおよそ一致しています。方言の分野では、この線を「糸魚川・浜名湖線」と呼んでいます。

　東西でことばが違うということは、昔から意識されていました。たとえば、『万葉集』には当時の東国方言で作られた東歌が載せられています。また、江戸時代の『物類称呼』（越谷吾山、1775刊）という方言集に、山城（京都）と近江（滋賀県）、美濃（岐阜県）と尾張（愛知県西部）、これらの国を境として、西は筑紫（九州）まで平声（アクセントの型のうちの1つ）が多い、ということが書かれています。

　方言の東西差が全国的な規模で取り上げられるようになったのは、明治以降です。明治政府は、標準語制定のため、全国方言調査として「音韻口語法取調」を実施しました。発音・活用形・基本的な助動詞などを中心とした調査です。その結果は、文部省国語調査委員会編『音韻調査報告書』、『音韻分布図』（明治38〈1905〉年）、『口語法調査報告書』、『口語法分布図』（明治39〈1906〉年）として報告されました。その中で、全国の方言は、本州の中央部を境として東と西に二分されることが多いということが発見されたのです。

　図2は、『口語法分布図』の動詞の打消形「〜ぬ」「〜ない」の分布図です。「〜ない」が富山（越中）、岐阜（飛騨・美濃）、愛知（三河）の東側に、「〜ぬ（ん）」がこれらの地域を含んでその西側に分布し、東西

方言の東西差　第2課

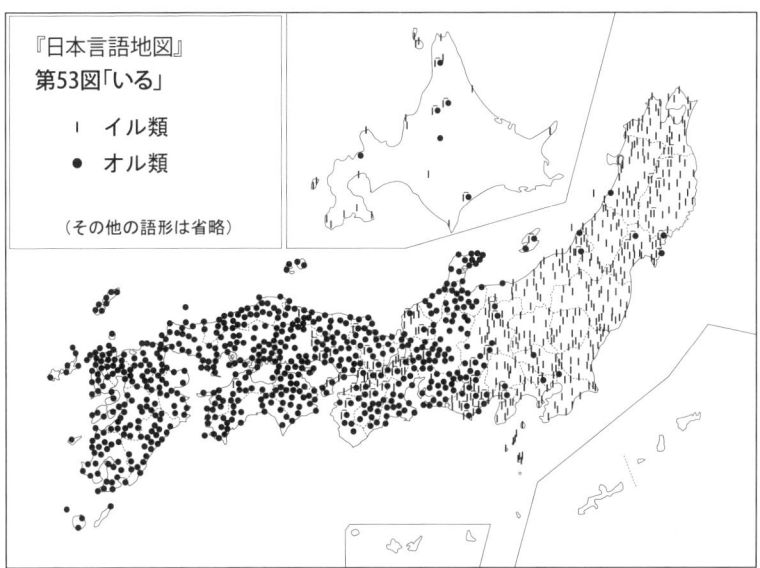

図1 「（あそこに人が）居る」　　　　　　　　　（『日本言語地図』53図をもとに作成）

図2 『口語法分布図』(文部省1907)（左）／『口語法調査報告書』(国語調査委員会1905, 646頁)（右）

対立分布になっていることがわかります。東西対立分布は、ほかにも、命令形に「よ・い」を使うか、「ろ」を使うか（起きよ（い）／起きろ）、断定に「ぢゃ（や）」を使うか、「だ」を使うか、過去形にウ音便を使うか、促音便を使うか（買うた／買った）、形容詞の連用形にウ音便を使うか、使わないか（白う／白く）など、多くの項目に見られます（図3）。『口語法調査報告書』では、これらを総合して、「仮ニ全国ノ言語区域ヲ東西ニ分タントスル時ハ大略越中飛騨美濃三河ノ東境ニ沿ヒテ其境界線ヲ引キ此線以東ヲ東部方言トシ、以西ヲ西部方言トスルコトヲ得ルガ如シ」とまとめています。この境界線が糸魚川・浜名湖線です。

2 東西対立分布の例

東西対立分布は、文法項目だけでなく語彙項目にも見られます。図4は、小林（1999）による語彙の東西方言境界線の図です。「薬指：ベニサシユビ・ベニツケユビ／クスリユビ」、「塩辛い：カライ／ショッパイ」、「煙：ケムリ・ケブリ／ケム・ケブ」、「鱗：ウロコ／コケ・コケラ」、「梅雨：ツユ・ツイリ／ニューバイ」、「借りる：カル／カリル」、「曾孫：ヒマゴ／ヒコ」、「おんぶする：オウ／オブ・オブウ」などの語が糸魚川・浜名湖線付近を境として、東西対立型の分布をなしています。

では、なぜ方言の境界線が糸魚川・浜名湖線に集中するのでしょうか。その理由は、この地帯に地形の上での自然境界があるためと考えられます。糸魚川・浜名湖線は、北は新潟県糸魚川市と富山県下新川郡朝日町の境の親不知、内陸は日本アルプス、南は由比宿、浜名湖、安倍川という交通の難所を走っていて、人の往来を妨げています。方言は人の往来とともに伝播します。自然境界によって人の往来が妨げられれば、当然、方言の伝播も妨げられます。そのため、糸魚川・浜名湖線に方言の東西境界が集中することになったのです。

このことは、逆に言うと、地理的には離れていても、人の往来があれば方言が伝播するということを表しています。これについては、1章5課を参照してください。

方言の東西差 | 第2課

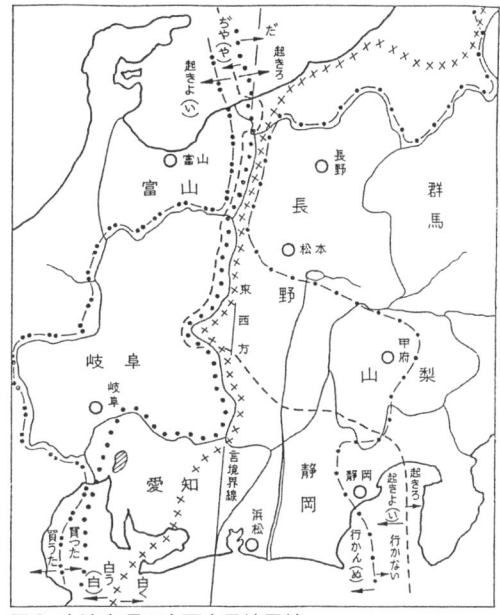

図3 文法事項の東西方言境界線 (牛山1969, 13頁)

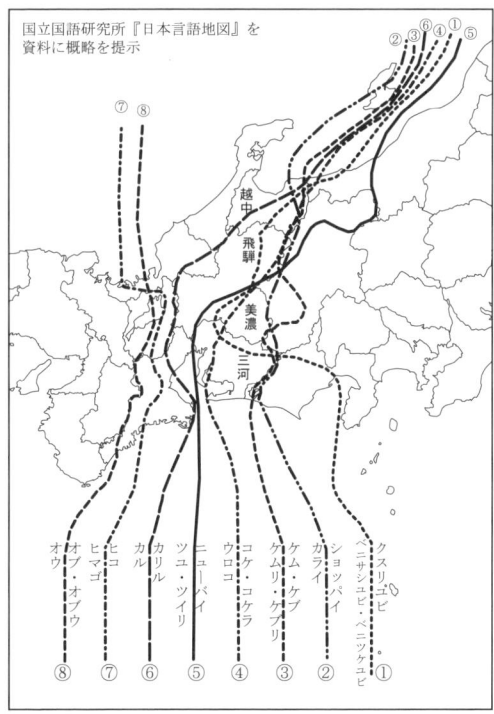

図4 語彙の東西方言境界線 (小林1999, 69頁をもとに作成)

第1章　地図から見えることばの地域差

第3課　周圏論的分布

1 古語は辺境に残る

「古語は辺境に残る」と言われることがありますが、これはどういうことでしょうか。

現在でも都市で発生した「流行」が地方に伝わっていく流れがあるように、ことばに限らず、文化事象の変容は都市が先導する傾向があります。このとき都市からの伝播が遅れる周辺部には、古い段階の事象が残り続けることになります。

1908（明41）年に宮崎県椎葉村を旅した民俗学者の柳田国男（1875-1962）は、当地の古風な狩りの伝承と民俗語彙を記録した「後狩詞記（のちのかりことばのき）」（1909年初版）に、以下のように記しています。

　　　山におればかくまでも今に遠いものであろうか。思うに古今は直立する一の棒ではなくて、山地に向けてこれを横に寝かしたようなのがわが国のさまである。（「後狩詞記」『柳田國男全集5』筑摩書房）

山地（辺境）に古い風習や語彙が残るという現象に着想を得て、柳田は、1927（昭2）年に発表した（後に数度の補充改訂が行われる）「蝸牛考（かぎゅうこう）」において、方言の分布の中に「周圏分布」と呼ばれる特徴的な分布を見いだしました。「周圏分布」とは、柳田が「蝸牛考」の中で提唱した「方言周圏論」で注目する分布で、方言の要素が文化的中心地を中心とした同心円状の分布をなすことを言います。このとき、外側の要素が内側の要素よりも、より古い時期に発生したと推定するのが「方言周圏論」です。文化的中心地のことばは、周辺部に伝播し、受容されて広がっていくため、中心地から地理的に近い地域には発生の新しいことばが分布し、遠い地域には発生の古いことばが残る、と考えられるのです。こうしたことばの分布の解釈を「周圏論的解釈」と言います。

周圏論的解釈が可能な事例として柳田が例にあげたのは、「蝸牛（かたつむり）」の方言分布でした。図1は、柳田が収集・整理した「かた

周圏論的分布 | 第3課

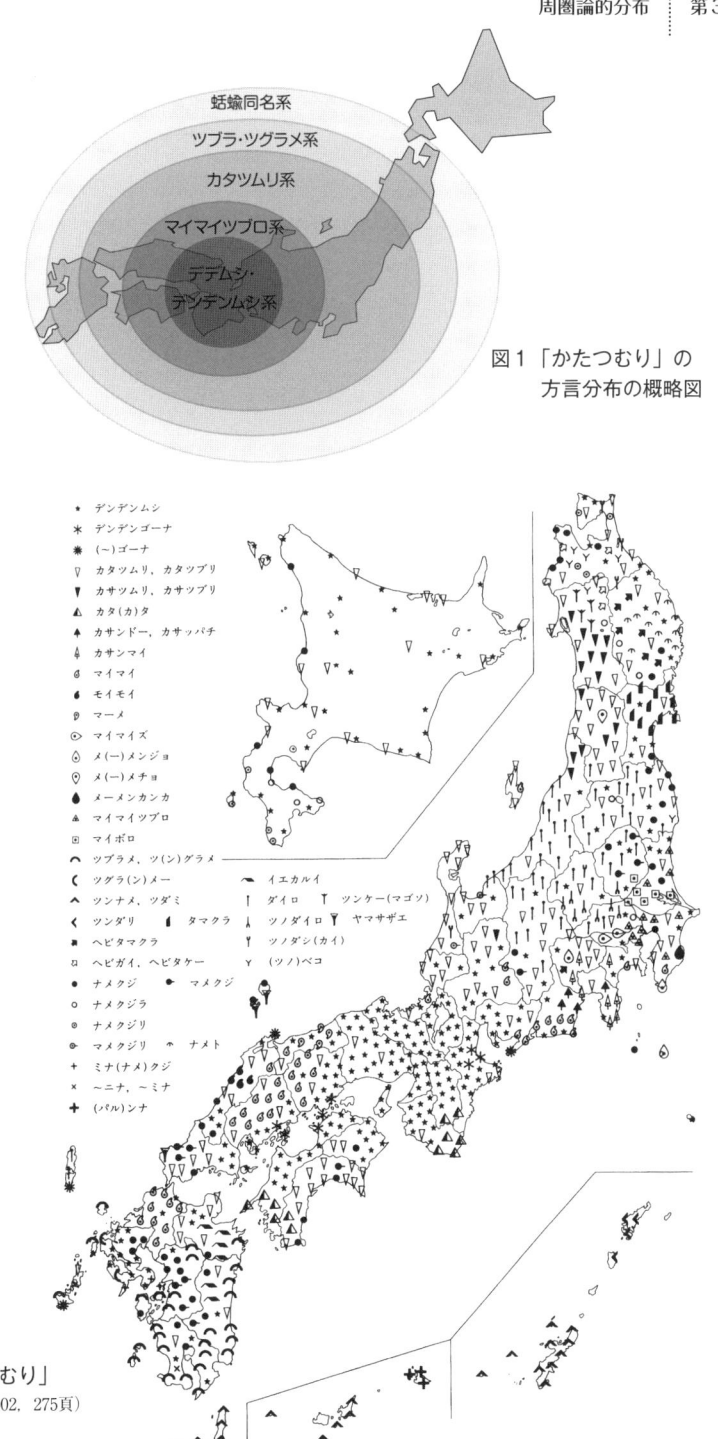

図1 「かたつむり」の方言分布の概略図

図2 「かたつむり」
（佐藤亮一監修2002, 275頁）

つむり」の方言分布の概略図です。この分布から、柳田は近畿地方に分布するデデムシ・デンデンムシ系の発生が最も新しく、それを取り囲むように分布するマイマイツブロ系、カタツムリ系、ツブラ・ツグラメ系、蛞蝓同名系（蛞蝓と蝸牛を区別せずにナメクジと称するもの）が、後のものほどより発生の古いものと推定しました。

　その後、1957〜1964年にかけて全国2400地点で行われた国立国語研究所編『日本言語地図』（1966〜1974年、全6巻300枚）の調査によって、「かたつむり」を指す方言形の分布の詳細が明らかにされました。図2がその分布図（略図）です。実際の語形の分布は非常に複雑ですが、柳田の描いた「理論上の同心円」を読み取ることは可能です。

2 近畿中央部方言の影響力

　周圏分布の中心地は、新しい文化事象を生み出し、周辺部に影響を及ぼし得る「都」であり、日本では長らく近畿中央部（京都）がその位置にありました。西日本方言における近畿中央部方言の影響力は、日本の（実質的な）首都が江戸・東京に移った後も健在です。

　図3は、国立国語研究所編『方言文法全国地図』（1979〜1982年にかけて全国807地点で調査実施、1989〜2006年、全6巻350枚）の動詞否定形に関する13枚の分布図（72〜84図）に現れた近畿地方のン類・ヤヘン類・ヘン類の数を、それぞれの調査地点について示したものです。

　西日本方言では、動詞の否定辞としてン類が用いられます（1章2課）。ン類は古典語の動詞否定辞「ぬ」に由来する形ですので、これがかつては近畿中央部においても用いられていたことは明らかでしょう。一方、現在近畿中央部で用いられているヘン類は、シワセンという否定の形が、シヤヘン→シエヘン→セーヘン・シーヒンという変化を経て生じたものです。形態の縮約に応じて、助詞ワによるとりたての意味は薄れ、単純否定の意味を担うようになっています。図3を見ると、この変化が近畿中央部からはじまり、周辺部に広がりつつあることがわかります。

周圏論的分布 | 第３課

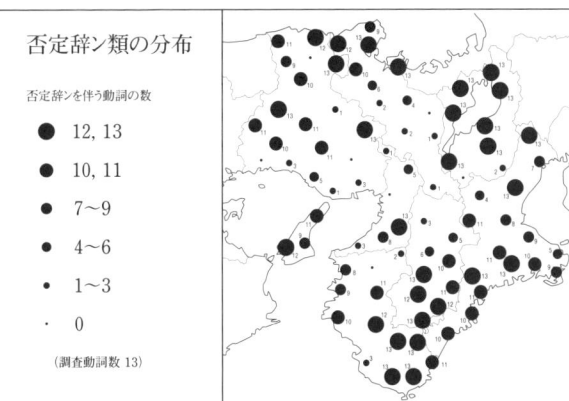

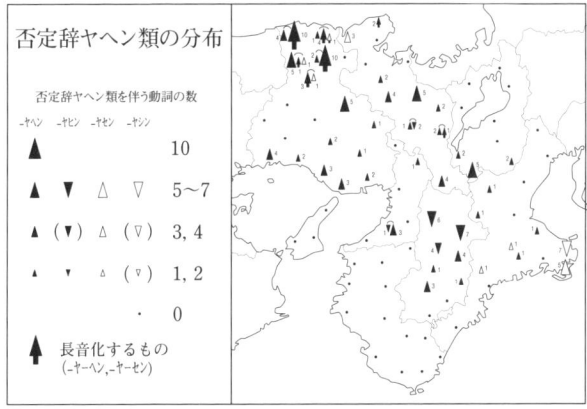

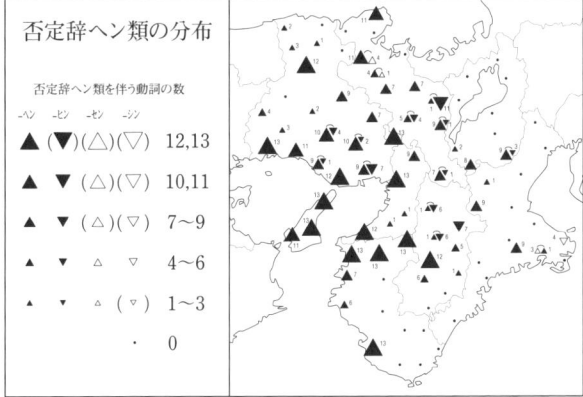

図３　近畿地方の動詞の否定辞　　（日高1994, 66頁・67頁をもとに作成）

第4課 逆周圏論的分布

1 辺境で進む言語変化

　周圏分布に対する周圏論的解釈は、どのような場合にも成立するものでしょうか。

　図1は、国立国語研究所編『方言文法全国地図』の準備調査（1977〜1978年に全国161地点で実施）のデータをもとに、一段・変格活用動詞「起きる」「見る」「開ける」「寝る」「する」「来る」の6語について、意志形・過去形・命令形・否定形・使役形のそれぞれにラ行五段化形式を使用する地点の分布を示したものです（小林1995）。

　ラ行五段化とは、一段・変格活用動詞がラ行五段動詞への類推によって、五段動詞型の活用形を生じる現象です。一段動詞「起きる」を例に、一段型の活用形と五段型の活用形を示すと以下のようになります。

	意志形	過去形	命令形	否定形	使役形
一段型	オキヨー	オキタ	オキロ オキヨ	オキナイ オキン	オキサセル
五段型	オキロー	オキリタ （オキッタ）	オキレ	オキラナイ オキラン	オキラセル

　ところで、図1のうち、意志形、命令形、使役形では、黒丸記号が日本列島の周辺部（近畿地方を中央部と見た場合の周辺部）に多く分布しています。過去形、否定形の黒丸記号は、西日本に偏在していますが、その分布域は西日本の周辺部です。ラ行五段化は、動詞の活用体系の変化においては新しい現象ですから、周辺部ではこの変化が促進され、中央部では抑制されていると見ることができます。

　このように、ことばの分布の歴史的解釈の際に、分布のうえでは周圏分布をなしていても、周辺部に見られる現象のほうが中央部よりも新しいとする解釈を「逆周圏論的解釈」と言います。

2 言語変化を抑制する規範意識

　逆周圏論的解釈がなされる事例として、いわゆるラ抜きことばの使用

逆周圏論的分布 | 第4課

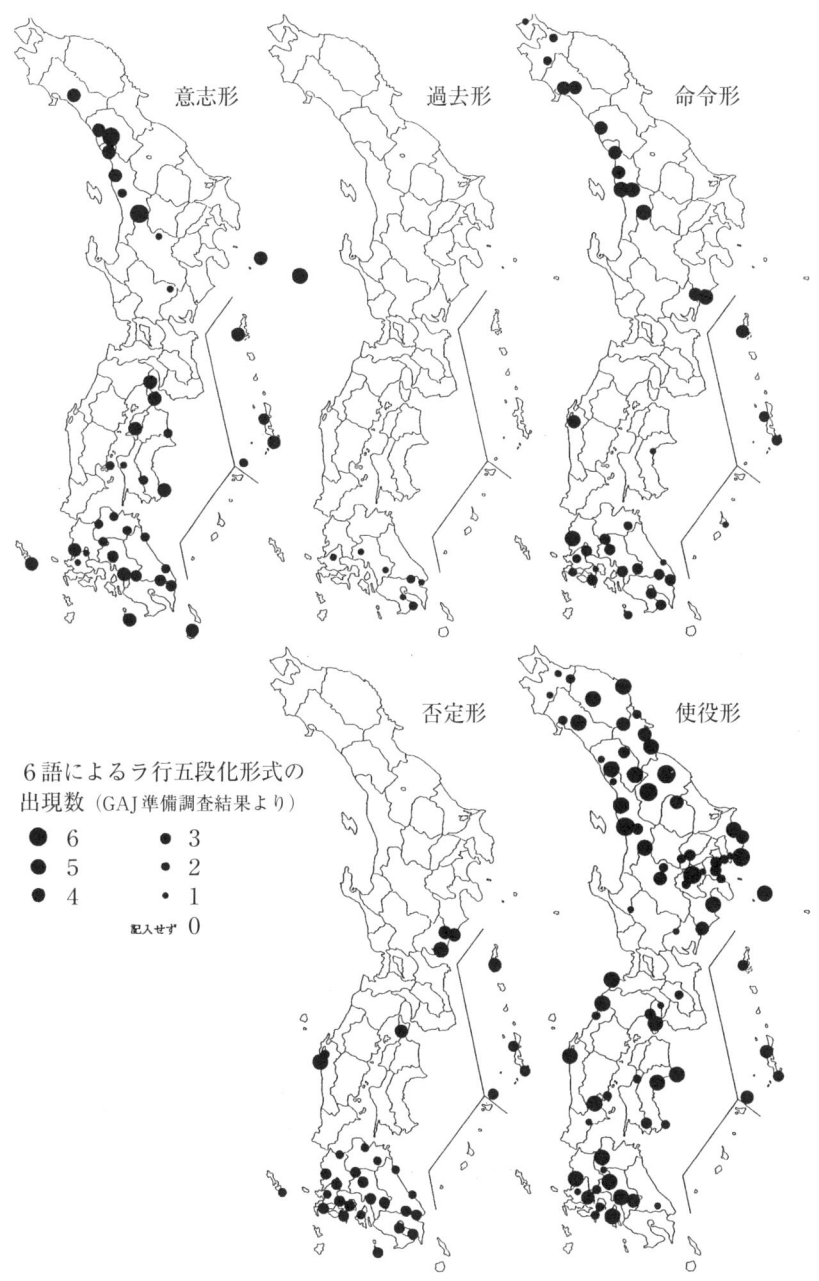

図1 活用形別に見たラ行五段化傾向　　　　　　　　　（小林1995，260頁をもとに作成）

率の地域差を見てみます。ラ抜きことばとは、一段・カ変動詞の可能形の本来の形である「食べられる」「来られる」（可能助動詞形）に対し、「食べれる」「来れる」のように「ら」を脱落させた形のことを言います。

文化庁の「国語に関する世論調査」では、1995・2001・2006年の3回にわたり、「食べる」の可能否定形の使用状況を調査しています。図2は、ラ抜きことばである「食べれない」の使用率を地域別に集計したものですが、関東地方の使用率が最も低いことがわかります。さらに、図3は、2001年度の調査データをもとに、「食べれない／食べられない」の使用率を都市規模別に集計したものです。「食べれない」の使用率が、規模の大きい都市ほど低い傾向があることが見て取れます。

ラ抜きことばは、ラ行五段動詞が「取れる」「帰れる」のような可能動詞形を派生させるのに類推して、一段・カ変動詞においても、可能動詞形に相当するものを生じさせたものです。つまりこの形式の発生は、日本語の可能表現の体系的な整合性を確保する方向に向かう合理性の高い変化であると言えます。しかしながら、「ラ抜き」という呼称が示す

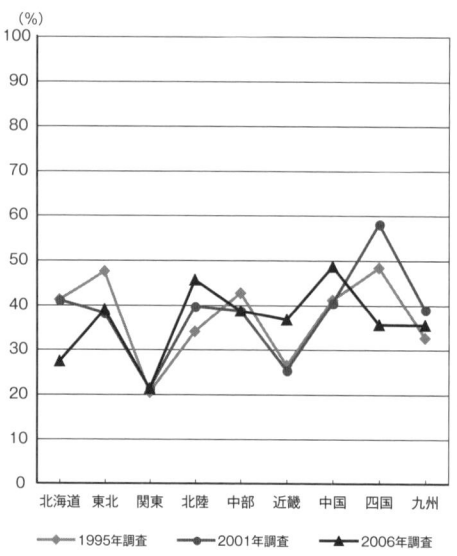

図2 地域別「ラ抜きことば（食べれない）」使用率の推移（文化庁「国語に関する世論調査」1995・2001・2006年度調査）　　　　　（日高2009a, 17頁）

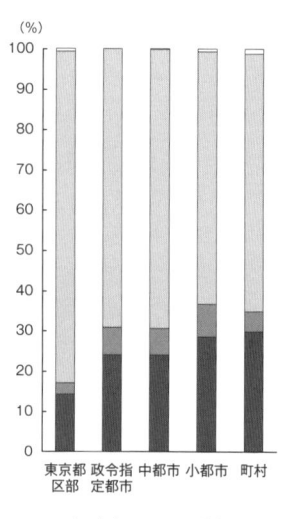

図3 都市規模別「食べれない／食べられない」使用率（文化庁「国語に関する世論調査」2001年度調査）

（日高2009a, 17頁）

ように、この形式は「間違った日本語」として、マスメディアや教育現場でよく取り上げられてきており、その結果、そうした社会規範に敏感な都市部では、使用が抑制される傾向が生じています。一方、そうした規範意識の薄い周辺部においては変化が先んじて進み、結果的に逆周圏分布（逆周圏論的解釈がなされる周圏分布）が生じていると見られるのです（日高2009）。

　規範意識の有無によって逆周圏分布が生じている可能性のある事例として、連母音aiの発音の分布（2章1課）について見てみます。連母音aiは、たとえば「大根（ダイコン）」が「ダァーコン」「デーコン」「ダーコン」となるように、融合音化する地域があります。その分布は、融合音化しない地域が近畿地方を中心に北陸地方、四国地方に見られる一方、その周辺部に融合音化する地域が広がっているというものです。連母音の融合音化は発音がより楽になる方向への変化であり、その逆の方向の変化は起こりにくいと考えられることから、この分布も中央部が古く周辺部が新しいという逆周圏論的解釈をすべき事例と言えます。

　一方、この場合も、本来の発音はaiであるという規範意識が働き、「都」を中心とした近畿地方とその隣接地域では変化が抑制された可能性があります。連母音の融合音化が一般化するのは近世期ですが、上方語では連母音が維持されており、融合音化が顕著に見られるのは江戸語でした。さらに、江戸語においても、上層階級は連母音の形式を用い、融合音化した形式は下層階級で用いられているとされます（小松1985、福島2002）。

　中央部で発生した新しい言語形式が、「文化」や「権力」の象徴として周辺部に伝播するとき、周圏論的解釈がなされるような分布が生じます。それに対して、文法の整合化や発音負担の軽減化など単純化に向かう変化は、各地で同時発生的に生じることもあり得ます。こうした変化のうち、中央部では規範意識によって変化が抑制され、規範意識の薄い周辺部では変化が促進される場合、逆周圏論的解釈がなされる分布が生じるのです。

第5課 いろいろな分布

1 方言分布のタイプ

　方言の分布は、等語線が引かれる位置によって、いくつかのタイプに分けることができます。「等語線」とは、方言地図上でAという特徴を有する地域とそれを有さない地域とを分ける境界線のことです。国立国語研究所が編集した『日本言語地図』の300枚の地図と、『方言文法全国地図』の350枚の地図から分布のタイプにどのようなものがあるかを整理してみると、だいたい、次のようになります。

　(1) 全国一律型　全国に同一の語形が分布するタイプ。たとえば、「雨」は、「アメー／アーメ／アミ」などの音変化形が見られる程度で、全国一律に「アメ」系の語形が使われています。他に、「耳」「鼻」「口」「赤い」などがこのタイプです。

　(2) 東西対立型　日本列島を東と西とに二分するような分布型（1章2課）。2課で見た語のほか、「茄子（西：ナスビ／東：ナス）」、「細い（西：コマイ／東：ホソイ）」などがこのタイプです。

　(3) 同心円型　周圏論的分布や逆周圏論的分布で、ＡＢＡ分布とも呼ばれます（1章3・4課）。3課で見た「かたつむり」のほか、「顔（ツラ／カオ／ツラ）」、「とんぼ（アキズ／トンボ／アキズ）」、「地震（ナイ／ジシン／ナイ）」などがこのタイプです。

　(4) 交互型　2種類の語形が交互に並んでいるような分布型で、ＡＢＡＢ分布とも呼ばれます。図1にあげた「舌」がこのタイプで、「シタ（Ａ）／ベロ（Ｂ）／シタ（Ａ）／ベロ（Ｂ）／シタ（Ａ）」のように語形が交互に分布しています。他に、「ふすま（フスマ／カラカミ／フスマ／カラカミ）」、「幾ら（イクラ／ナンボ／イクラ／ナンボ）」などがこのタイプです。

　(5) 南北対立型　日本列島を日本海側と太平洋側とに二分するような分布型（安部1999）。図2は「しもやけ」の地図ですが、降雪の比較的

いろいろな分布　第5課

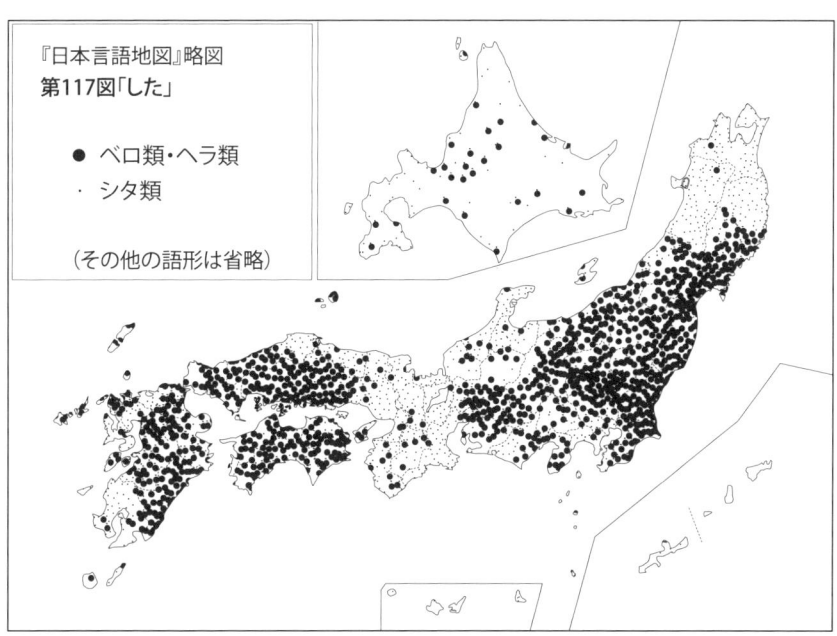

図1「舌」　　　　　　　　　　　　　　（『日本言語地図』117図をもとに作成）

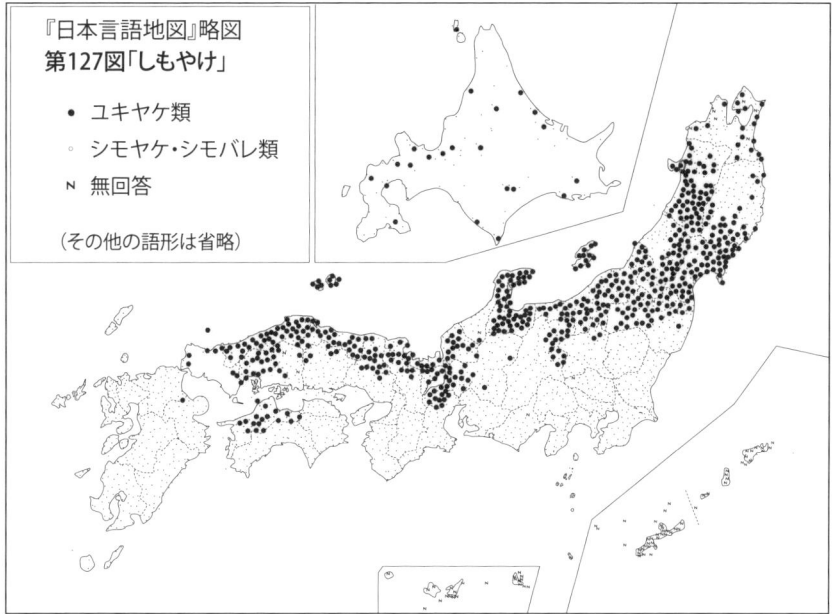

図2「しもやけ」　　　　　　　　　　　（『日本言語地図』127図をもとに作成）

多い日本海側の地域に雪と結びつけられた「ユキヤケ」が分布し、太平洋側には霜に関連する「シモヤケ」が分布しています。他に、「手ぬぐいが凍る（日本海側：シミル／太平洋側：コール・イテル）」がこのタイプです。

(6) 複雑型　多様な語形が錯綜して分布するタイプ。図3の副助詞「ごと」がこのタイプで、東北北部に「モズラ」、山形に「グルミ」、中部地方に「サラ」、中国地方に「ナリ・ママ・ゴメ」、九州に「ママ・グルミ・ナガラ・トモ」、琉球に「ママ・スイ」というように、いろいろな語形が各地に分布しています。「氷柱」、「くるぶし」などがこのタイプです。

2　遠隔地に分布する類似語形の解釈

　遠く離れた地域に同じような語形が分布するパターンを遠隔地分布と言います。このような分布が生じた原因として、(a) 先に生まれ広がった語形が後に生まれ広がった語形に分布を分断された（周圏論的分布）、(b) 人や物の移動に伴って、x地からy地に語形が直接、伝播した飛火的伝播、(c) 共通の発想によって各地で独自に同一語形が生まれた各地発生、などが考えられます。

　(a)～(c)のうちのどれが当てはまるのかは、分布図を見ただけではわかりません。地域の歴史や方言を記述した過去の文献、調査記録、現代の方言調査などを勘案しながら、分布の成立過程を推測する必要があります。たとえば、「かぼちゃ」を意味する「ボーブラ」類は、九州と秋田（秋田での語形は「ドフラ」）といった離れた地域に分布しています（図4）。一見すると周圏論的分布のように見えますが、秋田には江戸時代初期に九州からカボチャを持ち込んで栽培したという記録があります。このことから、植物のカボチャを取り入れたときに、同時に「ボーブラ」類の語形が九州から持ち込まれ、「ドフラ」として秋田に定着したものと考えられ、秋田の「ドフラ」は飛火的伝播と解釈されます。

いろいろな分布 | 第5課

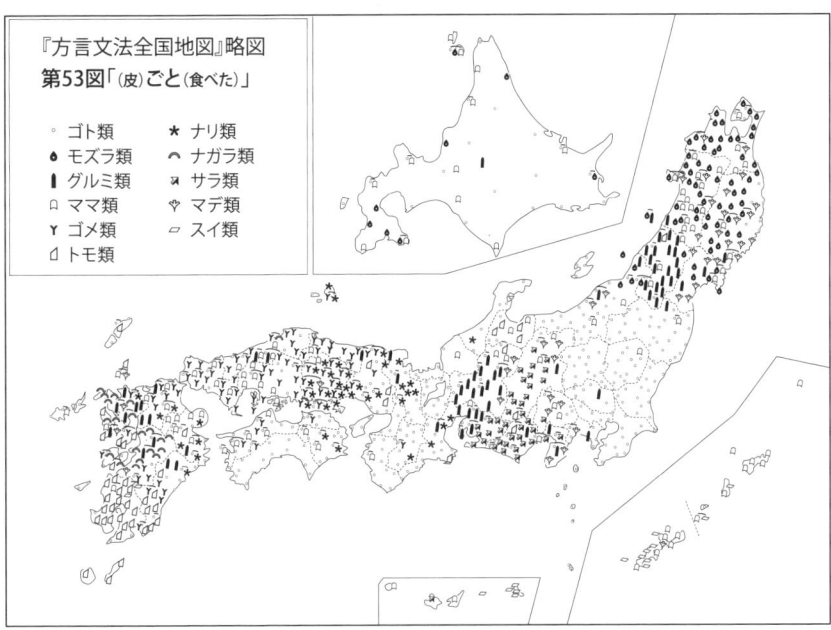

図3「(皮)ごと」　　　　　　　　　　　　　　（『方言文法全国地図』53図をもとに作成）

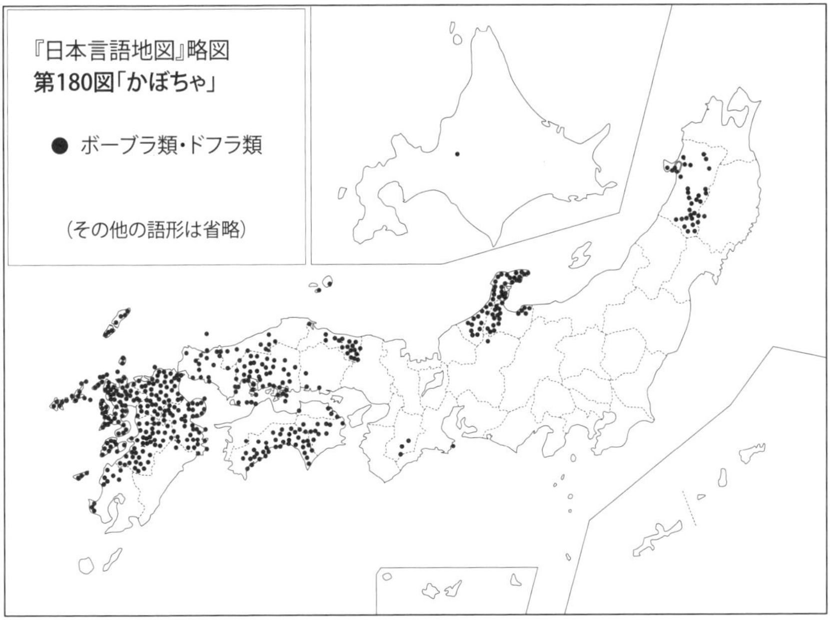

図4「かぼちゃ」　　　　　　　　　　　　　　（『日本言語地図』180図をもとに作成）

第1章　地図から見えることばの地域差

第6課　グロットグラム―地点×年齢差―

1　グロットグラムとは

　ことばの違いには、地域による違いと同時に、話し手の年齢による違い、性別による違い、言語意識による違い、所属集団による違いなど、さまざまな違いがあります。このうち、地域による違いと年齢による違いをかけあわせることによって、一定地域における言語変化の動向を把握する方法がグロットグラム（glottogram）です。

　図1は、山形県村山地方から福島県北西部の25地点×年代のグロットグラムのうち、「見に行く」を「見サ行く」と言うかどうかの図です。東北方言の「サ」は、もとは「学校サ行く（学校へ行く）」のように方向を表す格助詞として用いられていましたが、近年、共通語の格助詞「に」の意味で用いられるようになり、「見に行く」のような動作の目的を表す場合にも用いられるようになってきました。このような新しい「サ」の用法の分布を調べたのが図1です。

　図1は、地点を縦軸、年代を横軸に配置したクロス表になっています。これにより、地点差と年代差を同時に見ることが可能になります。たとえば、各地点を横軸に沿って見れば、各地点における「見サ」の使用の年代差がわかります。また、各年代を縦軸に沿って見れば、各年代における「見サ」の使用の地域差がわかります。さらに、地点と年代が異なる2点、たとえば、米沢の70代と上山（かみのやま）の10代を比較することも可能です。このように、グロットグラムを使えば、ある地域の言語変化を地理的にとらえるだけでなく、年代の要素を加えて立体的にとらえることが可能になります。これがグロットグラムの特長です。

2　斜めの等語線

　図1を使って、この地域の言語変化について考えてみることにしましょう。まず、「見サ行く」という表現をいちばん多く使用しているのは、

山形県と福島県の県境の板谷です。ここでは、ほぼ全年代が「見サ」を使っています。ここから北上して上山までは、「見サ」の使用がだんだん少なくなり、上山を過ぎると「見サ」がほとんど使われなくなります。ここで重要なのは、板谷から上山にかけての地点では、若い年代ほど「見サ」を使用しているということです。そのため、「見サ」の分布領域に境界線を引くと、斜めの線となって現れます。グロットグラムに現れるこのような線を「斜めの等語線」と言います。図1の斜めの等語線は、「サ」の用法の変化が板谷で最も早く進み、順次北へ広まりつつあること、その際、若い世代にまず、この変化が広まっているということを表しています。

斜めの等語線の傾斜具合によって、変化の伝播速度を知ることができます。図2は島根県の石見福光駅から伯耆大山駅までの、図3は松江駅から鳥取駅までの、合わせて51地点×年齢（女性）の「（だから言った）じゃないか」のグロットグラムです（松江駅から伯耆大山駅までの8地点は重複しています）。ここで注目したいのは、「（だから言った）ガン」という語形です。「〜ガン」は、この地域で古く使われていた「〜ガナ・ガネ」が音変化を起こしたものと考えられますが、米子

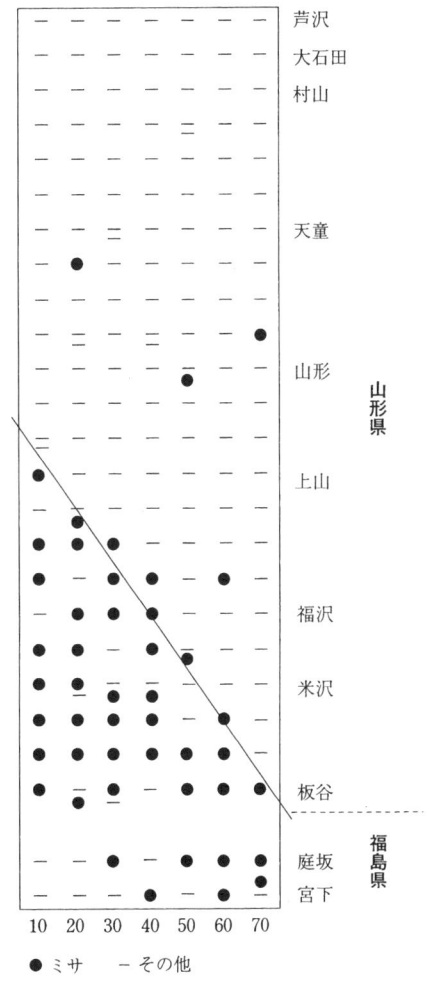

図1「見サ行く」　　（井上史雄2003, 130頁）

とその周辺では、高年層でも変化形の「〜ガン」を使用しています。そして、この「〜ガン」は、図2では米子の西側（左側）に、図3では東側（右側）に、若年層を中心として広がりつつあります。斜めの等語線を見ると、図2ではやや急な傾斜、図3ではやや緩やかな傾斜になっていることから、「〜ガン」は、西側では速く、東側ではそれより遅く伝播しつつあるということがわかります。

等語線が斜めにならない場合もあります。図4は、愛媛県松山市から高知市までの国道33号線沿いにある集落、34地点×8世代における「薩摩芋の名称」のグロットグラムです。図4によると、愛媛県には「リューキューイモ」、高知県には「カライモ」または「イモ・ゲンジイモ」が分布していますが、両県とも、若い世代では「サツマイモ」が使われています。「サツマイモ」のような共通語形は、各地で一斉に取り入れられることがあるため、等語線が斜めにならないということが起きるのです。

3 見かけの時間の変化と実時間の変化

グロットグラムを利用することによって、変化の伝わり方や伝播速度を推測することができるということを見てきました。ただし、グロットグラムに現れた変化の年代差は「見かけの時間の変化」と呼ばれ、「実時間の変化」とは区別されます。たとえば、図1の米沢では、40代以下の年代が「見サ」を使い、50代以上は「見サ」を使っていません。しかし、ここから米沢で「サ」の新用法が使われるようになった実際の時間（実時間）を割り出すことはできません。なぜなら、40代以下の世代が「サ」の新用法をいつ獲得したのか、グロットグラムからはわからないからです（成年後に新しい用法を習得することもあります）。つまり、これらは調査時における各世代の回答を表しているだけで、実際の変化の時間をとらえているわけではないのです。「実時間の変化」を把握するためには、時間をおいて同じ話者に同じ調査を行う追跡調査や同じ地域で継続的に行う経年調査に拠らなければなりません。これについては、4章1課を参照してください。

グロットグラム—地点×年齢差— 第6課

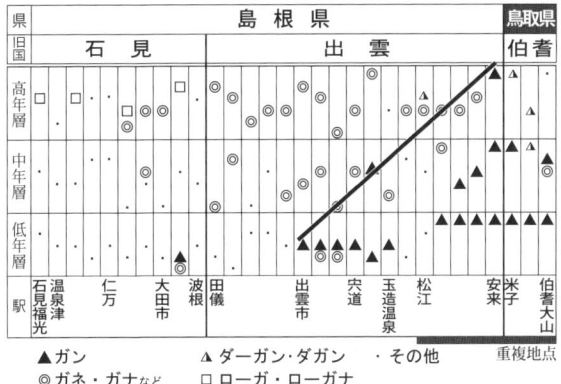

図2 「(だから言った)じゃないか！」JR山陰本線 石見福光—松江—
伯耆大山間グロットグラム　（都染編2008, 130頁をもとに作成。一部改変）

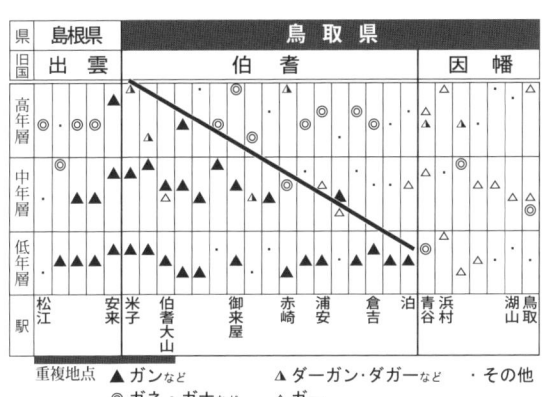

図3 「(だから言った) じゃないか！」JR山陰本線 松江—鳥取間
グロットグラム　（都染編2004, 125頁をもとに作成。一部改変）

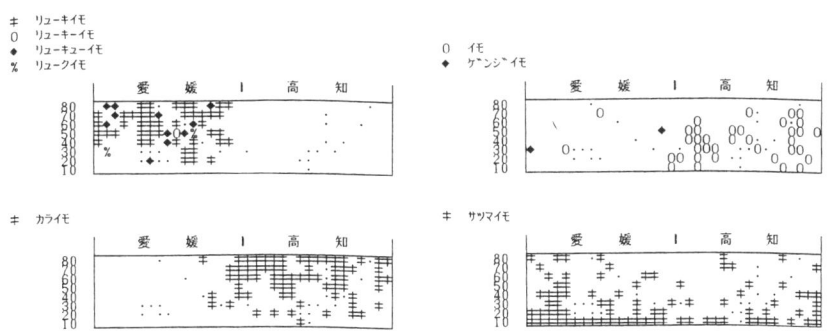

図4 「薩摩芋の名称」　　　　　　　　　　　　　　　　　　（高橋1966, 79頁）

第2章 ことばの仕組みから見える地域差

第1課 発音の地域差

1 母音の地域差

　発音の最小の単位を音素と言います。音素には、母音音素と子音音素があります。東京方言の母音音素はa、i、u、e、oの5つですが、方言の中には母音がこれより多い方言と少ない方言があります。図1に諸方言の母音体系をあげておきました。これを見ると、母音がいちばん多いのは名古屋市方言の8つ、いちばん少ないのは沖縄県与那国方言の3つです。母音が多い名古屋市方言では、「大根」をデァーコン[dæ:koɴ]、「寒い」をサムィー[samy:]/samü:/、「黒い」をクロェー[kurø:]/kurö:/のように発音します。ai、ui、oiといった母音連続が融合を起こしてa、i、u、e、o以外の発音になるので母音の数が多くなっているのです。図2～図4にアイ、ウイ、オイの発音の図をあげておきました。母音が融合を起こすのは、黒っぽくぬりつぶされた地域です。近畿は連母音の融合を起こす地域が少なく、周辺部で多いことがわかります。

　一方、母音音素がいちばん少ない与那国方言では、「目」をミ[mi]、「手」をティ[ti]、「物」をムヌ[munu]、「心」をクグル[kuguru]のように発音します。ここではe→i、o→uのような変化が起きたために、母音音素が少なくなっているのです。

　ところで、図2を見ると、東京方言はアイを[e:]と発音する地域になっています。次の例は三遊亭圓生（1900～1979、東京の落語家）の古典落語「妾馬（めかけうま）」の一節です。

　　大家　「サッきな、表をお通りになったお大名がある」
　　八公　「ええ、ええ、ええ、知ってる、え？　私（あっし）が仕事をしてたら、いま、大名（でえみょう）が通るッてんで、ね？」
　　大家　「なんだ、でえみょうてえなあ……でえみょうてえのがあるか」

　八公の「大名（でえみょう）」という発音を大家がたしなめています。[e:]にはぞんざいな響きがあるので、偉い人を指すときには使ってはいけないという

発音の地域差 | 第1課

のです。このようなニュアンスは、現在の東京方言にも残っています。

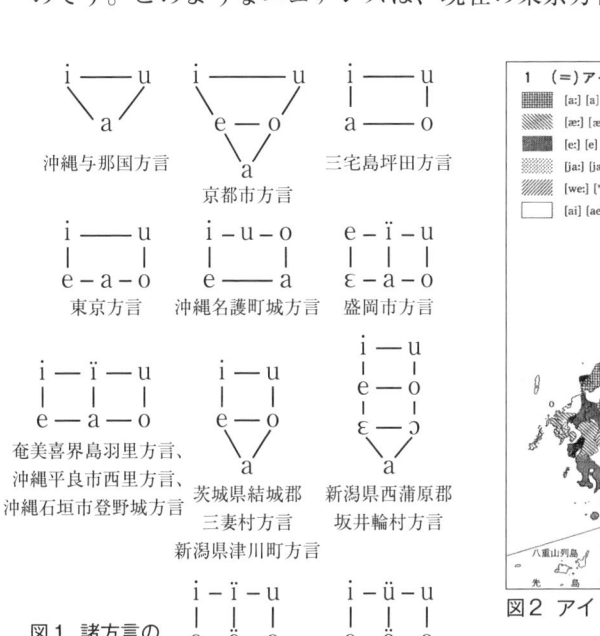

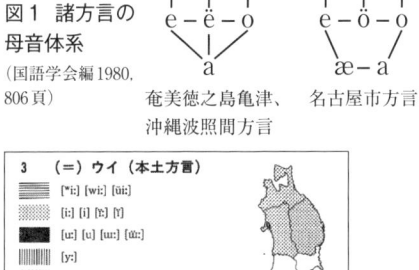

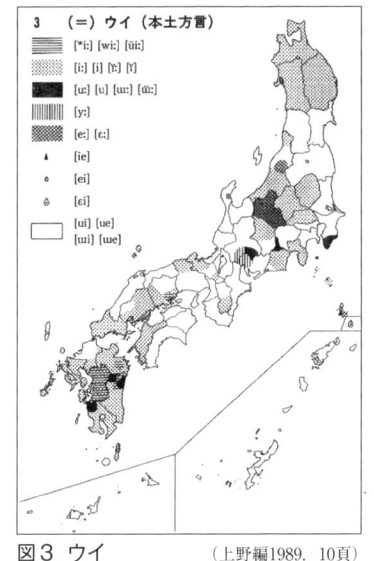

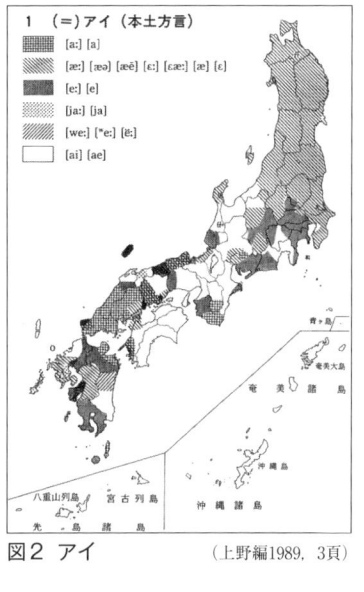

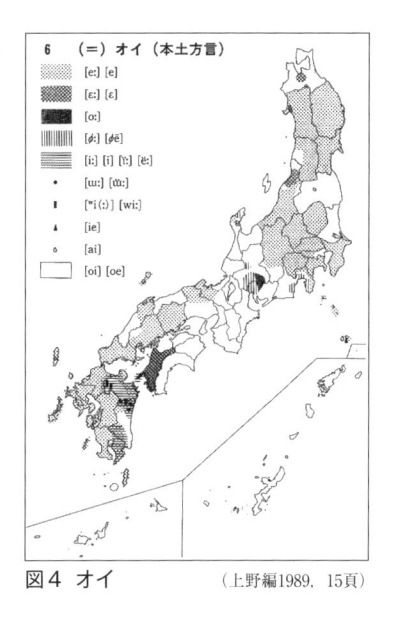

```
 i — u        i — u        i — u
 |  /         |  |         |  |
 | /          e — o        a — o
 a
沖縄与那国方言   京都市方言    三宅島坪田方言

 i — u        i - u - o    e - ï - u
 |  |         |   |        |   |
 e-a-o        e — a        ɛ-a-o
東京方言      沖縄名護町城方言  盛岡市方言

 i - ï - u    i — u        e — u
 |   |        |  |         |  |
 e-a-o        e-o          e-o
                           |  |
                           ɛ — ɔ
奄美喜界島羽里方言、 茨城県結城郡  新潟県西蒲原郡
沖縄平良市西里方言、 三妻村方言   坂井輪村方言
沖縄石垣市登野城方言 新潟県津川町方言
```

図1 諸方言の母音体系
(国語学会編1980, 806頁)

```
 i - ï - u    i - ü - u
 |   |        |   |
 e - ë - o    e - ö - o
     |        |
     a        æ — a
奄美徳之島亀津、 名古屋市方言
沖縄波照間方言
```

図2 アイ　　　(上野編1989, 3頁)

1 (=) アイ (本土方言)
- [aː] [a]
- [æː] [æə] [æẽ] [ɛː] [ɛæː] [æ] [ɛ]
- [eː] [e]
- [jaː] [ja]
- [weː] [*eː] [ẽː]
- [ai] [ae]

図3 ウイ　　　(上野編1989, 10頁)

3 (=) ウイ (本土方言)
- [*iː] [wiː] [üiː]
- [iː] [i] [ɪː] [ɯ̈ː]
- [uː] [u] [uːː] [ɯ̈ː]
- [yː]
- [eː] [ɛː]
- [ie]
- [ei]
- [ɛi]
- [ui] [ue]
- [ɯi] [ɯe]

図4 オイ　　　(上野編1989, 15頁)

6 (=) オイ (本土方言)
- [eː] [e]
- [ɛː] [ɛ]
- [ɔː]
- [ɵː] [ɵ̃ː]
- [iː] [i] [ɪː] [ɛː]
- [uː] [ɯ̈ː]
- [*iː(ː)] [wiː]
- [ie]
- [ai]
- [oi] [oe]

2 子音の地域差

次に、子音音素のガ行子音について見てみましょう。図5は語中のガ行子音（たとえば「鏡」の［ガ］、「篭」の［ゴ］の子音）をどう発音するかの地図です。黒の記号はこれらを鼻濁音［ŋ］や直前に鼻音のある［ˀg］、［ᵑg］などで発音する地域、白の記号は鼻音のない［g］で発音する地域です。北から〈黒－白－黒－白〉のように黒と白が交互に分布しています。鳥取、岡山以西は白の記号（非鼻音）が多くなっていますが、九州周辺の島嶼部や九州南端、南琉球の宮古島、与那国島には黒の記号（鼻音）が分布しています。ガ行鼻濁音は北から南まで、意外と広い範囲にわたって分布しているのです。

ここで注目したいのが、語中のガ行子音を［ŋ、ˀg、ᵑg］で発音する地域（図5の黒の記号の地域）と語中のカ行子音（たとえば「中」の［カ］、「底」の［コ］の子音）を［g］で発音する地域が重なる場合があるということです。東北、北陸、九州南端、与那国など（図6の網掛けの地域）がそのような地域です。これらの地域では「鏡」の［ガ］と「中」の［カ］、「篭」の［ゴ］と「底」の［コ］が鼻音の［ŋ、ˀg、ᵑg］と鼻音でない［g］で区別されています。つまり「鼻音か鼻音でないか」が、ガ行とカ行の区別にとって、とても重要な役割を果たしているのです。

これに対し、関東や関西などは、図5では黒の記号ですが、図6では白の地域になっています。ここでは、「鏡」の［ガ］と「中」の［カ］、「篭」の［ゴ］と「底」の［コ］が鼻濁音の［ŋ］と無声子音の［k］で区別されています。このような地域では、ガ行とカ行の区別にとって「鼻音か鼻音でないか」はそれほど重要な役割をもっていません。そのため、ガ行子音が［ŋ］から［g］へと変化する傾向があります。

図7は、東京方言における［ŋ］と［g］の年齢別使用率を示したものです。これによると、80歳くらいの人は調査語のうちの20％くらいを［g］で（逆に言うと80％くらいを［ŋ］で）発音し、20歳くらいの人は100％近くを［g］で発音し、その中間の年齢層では、少しずつ［g］で発音する

割合が増えていっています。[ŋ]と[g]の使用には、年齢により段階的な差があることをこの図は表しています。

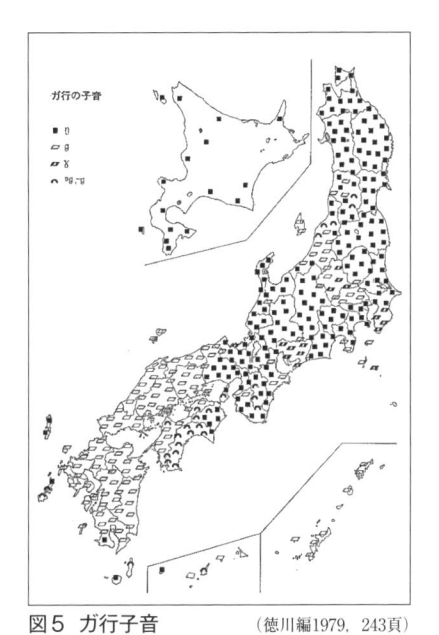

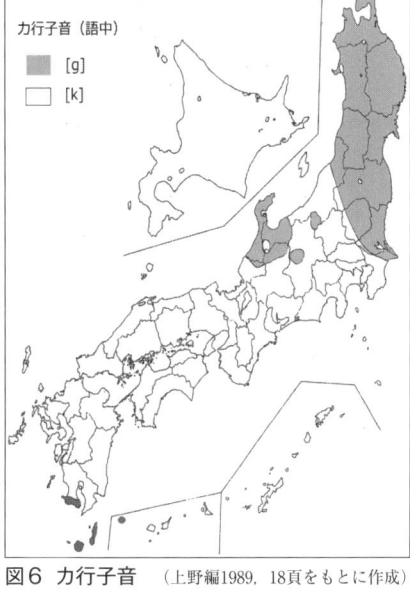

図5 ガ行子音　　（徳川編1979, 243頁）

図6 カ行子音　　（上野編1989, 18頁をもとに作成）

図7 東京方言におけるガ行子音のŋ＞gの変化　　（Hibiya1998, 163頁）
（100歳以上の黒点は、以前の調査データから、その人が現在、生きていると仮定した場合の年齢を表す）

第2課 アクセントの地域差

1 アクセントの全国分布

　東京と京都はアクセントが逆だとよく言われます。たとえば、「橋」は東京方言でハシ̄、京都方言で̄ハシ、「箸」は東京方言で̄ハシ、京都方言でハ̄シです（上線部分を高く発音する）。では、東京と京都の間はどうなっているのでしょうか。それを調べたのが、服部四郎です。服部は、図1にあげたような東海道沿いの各地点のアクセント調査を行い、その結果、東京から三重県長島までは東京的なアクセントが続き、長良川を渡って桑名に入ると、とたんに京都的なアクセントに変わる、つまり長島と桑名の間にアクセント境界があることを明らかにしたのです（服部1931）。その後、全国でアクセント調査が進み、現在では各地のアクセントの実態がほぼ明らかになっています（図2）。

　図2によると、まず、近畿と四国といった日本の中央部に近畿式アクセントが分布し、それを挟んでその東側の中部地方、関東西部、東北地方、北海道と西側の中国地方、九州北東部に東京式アクセントが分布し、さらにその外側の北関東、東北南部と九州中央部に無型アクセント（単語のアクセントを区別しないタイプ）が分布しています。九州西南部は型の区別が2種類しかない2型アクセントです。

　では、それぞれの地域のアクセントは具体的に、どのような音調をもっているのでしょうか。図3は青森、東京、京都、鹿児島のアクセントを比較したものです。青森と東京は、図2で見たように、どちらも東京式のアクセントで、確かに単語だけ発音したときのアクセントはよく似ています。しかし、助詞が付いたときのアクセントを見ると、かなり違っています。各地のアクセントの規則をもっと詳しく見てみましょう。

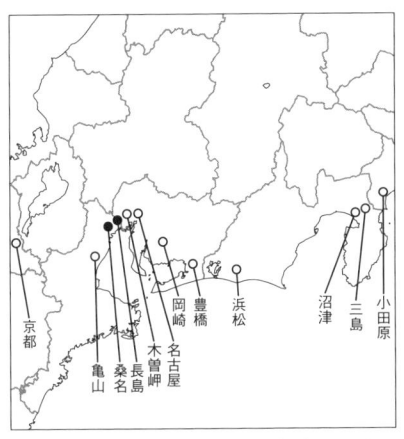

図1 東京式アクセントと京都式アクセントの境界　（服部1931，29頁をもとに作成）

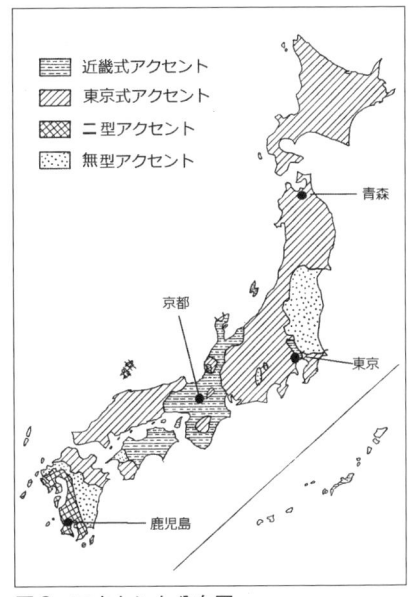

図2 アクセント分布図　（杉藤1982，273頁をもとに作成）

凡例：
- 近畿式アクセント
- 東京式アクセント
- 二型アクセント
- 無型アクセント

	「鼻」	「橋」	「花」
青森	ハナ̄・ハナガ̄	ハシ̄・ハシガ̄	ハナ̄・ハナガ̄
東京	ハナ̄・ハナガ̄	ハシ・ハシ̄ガ	ハナ̄・ハナ̄ガ
京都	ハナ̄・ハナ̄ガ̄	ハ̄シ・ハ̄シガ̄	ハ̄ナ・ハ̄ナガ̄
鹿児島	ハ̄ナ・ハ̄ナガ̄	ハ̄シ・ハ̄シガ	ハナ̄・ハナガ̄

	「箸」	「秋」
青森	ハ̄シ・ハ̄シガ̄	ア̄キ・ア̄キガ̄
東京	ハ̄シ・ハ̄シガ	ア̄キ・ア̄キガ
京都	ハシ̄・ハシガ̄	アキ̂・ア̄キガ
鹿児島	ハシ̄・ハシガ̄	アキ・アキガ̄

（ ̄は高を、◠は拍内の下降を表す）

図3 諸方言のアクセント

第2章　ことばの仕組みから見える地域差

2 諸方言のアクセント体系

まず、東京方言アクセントを見てみましょう。図3の東京方言のアクセントは、次の3種類に整理することができます。

(1-1)　ハナ・ハナガ（鼻）　　　　　　　　　　　　○○
(1-2)　ハシ・ハシガ（橋）　ハナ・ハナガ（花）　　○○⌐
(1-3)　ハシ・ハシガ（箸）　アキ・アキガ（秋）　　○⌐○

⌐は「下げ核＝次を下げる」という記号です。「鼻」は「鼻」とだけ発音したときも「が」が付いたときも、どこにも下がり目がないので、次を下げるという特徴をもっていません。「橋、花」は「が」が付いたときに「が」が低くなるので、「橋」の「シ」や「花」の「ナ」に⌐の特徴をもっていると考えられます。「箸、秋」はハシ、アキなので、「ハ」「ア」の拍に⌐の特徴をもっています。

次に、青森方言を考えてみましょう。いま仮に、青森方言も東京方言と同じように⌐の特徴をもつとすると、じつは困ったことが起きてしまいます。なぜなら、「箸・秋」はそれだけ発音したときにはハシ、アキですが、「が」が付くとハシガ、アキガのように下がり目の位置が後ろにずれるからです。一方、上がり目の方は助詞が付いても変わりません（「鼻、鼻が、橋、橋が」で最後の1拍が上昇しているのは、文節の終わりを表す音調で、アクセントではありません）。つまり、青森方言は下がり目ではなく、上がり目が重要だということです。これを「昇り核」と言います。昇り核を⌐で書くと、次のようになります。

(2-1)　ハナ・ハナガ（鼻）　ハシ・ハシガ（橋）　　○○
(2-2)　ハナ・ハナガ（花）　　　　　　　　　　　　○⌐○
(2-3)　ハシ・ハシガ（箸）　アキ・アキガ（秋）　　⌐○○

京都方言はどうでしょうか。京都方言では、助詞が付いても下がり目の位置が変わらないので、⌐の特徴をもっていると考えてよさそうです。ただし、⌐だけでは、ハナ（鼻）とハシ（箸）がどちらも⌐をもたない

型になってしまい、区別ができません。これを解決するためには、「鼻」に「高く始まって平らに進む（平進式）」という特徴、「箸」に「低く始まって上昇する（上昇式）」という特徴を加える必要があります。平進式を「 、上昇式をLで表すと、京都方言のアクセントは、次のようになります。

(3-1) ハナ・ハナガ（鼻）　　　　　　　「○○
(3-2) ハシ・ハシガ（橋）　ハナ・ハナガ（花）　「○⌐○
(3-3) ハシ・ハシガ（箸）　　　　　　　L○○
(3-4) アキ・アキガ（秋）　　　　　　　L○○⌐

最後に鹿児島方言です。この方言は型が２つしかありません。一つは単語のときにも助詞が付いたときにも、後ろから２つ目だけが高くなる型（これをA型と呼びます）、もう一つは単語のときにも助詞が付いたときにも、最後の１つ目だけが高くなる型（これをB型と呼びます）です。「鼻」「橋」はA型に、「花」「箸」「秋」はB型になります。

(4-1) A：ハナ・ハナガ（鼻）　ハシ・ハシガ（橋）
(4-2) B：ハナ・ハナガ（花）　ハシ・ハシガ（箸）　アキ・アキガ（秋）

ある方言のアクセント体系を知るためには、いろいろな語のアクセントを調べてみて、どの特徴が重要であるかを明らかにすることが大切です。そのときの基準となるのがアクセントの類別語彙表（図４）です。５つの類から満遍なく語を選んで調査すれば、その方言のアクセントの型がだいたいわかるようになっています。これを利用して、いろいろな方言のアクセントを調べてみましょう。

第１類	飴　梅　顔　風　柿　口　酒　竹　鳥　庭　鼻　端　水 ……
第２類	石　歌　音　紙　川　夏　橋　昼　冬　胸　町　村　雪 ……
第３類	足　犬　色　馬　鬼　髪　島　月　年　花　耳　山 ……
第４類	跡　息　糸　帯　笠　肩　空　種　中　箸　船　松 ……
第５類	秋　汗　雨　蔭　牡蠣　声　猿　露　鍋　春　窓　前 ……

図４　アクセントの類別語彙表（２拍名詞）　　　（金田一1974, 63頁・64頁をもとに作成）

第3課 イントネーションの地域差

1 疑問文は上昇調？

　一般に、疑問文は最後が上がると言われています。図1は東京方言の「何がほしい？」と「何かほしい？」の音調を表したピッチ図です。「何がほしい？」は「何」という疑問詞を含むＷＨ疑問文、「何かほしい？」はほしいか、ほしくないかを尋ねるYes/No疑問文です。東京方言では、普通、どちらも最後を上げて発音します。

　しかし、どの方言でも、疑問文の最後を上げるというわけではありません。図2は長崎市方言の「ナンノホシカト（何がほしい？）」と「ナンカホシカト（何かほしい？）」のピッチ図ですが、どちらも最後が下がっています。一方、図3の松本市方言を見ると、「ナニガホシイ（何がほしい？）」（ガは鼻濁音）では最後が下がり、「ナンカホシイ（何かほしい？）」では最後が上がっています。さらに、図4の福岡市方言では、「ナニガホシカナ（何がほしい？）」は少しずつ上がり、「ナンカホシカナ（何かほしい？）」は最後が下がっています。以上をまとめると、次のようになります。

文のタイプ	東京方言	長崎市方言	松本市方言	福岡市方言
ＷＨ疑問文	上昇調	下降調	下降調	漸次上昇調
Yes/No疑問文	上昇調	下降調	上昇調	下降調

　長崎の人が東京の人と会話するときは要注意です。なぜなら、長崎の人が下降調で質問をしても、東京の人は質問されていると受け取らない可能性があるからです。従来、イントネーションに地域差があることはあまり知られていませんでしたが、コミュニケーション上は、アクセントの地域差よりもイントネーションの地域差のほうが重要かもしれません。

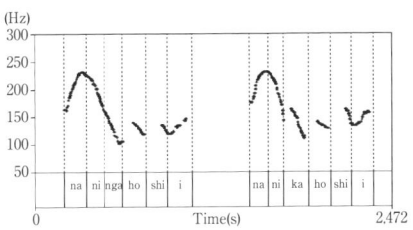

図1 東京方言
　左：ナニガホシイ（何がほしい？）
　右：ナニカホシイ（何かほしい？）

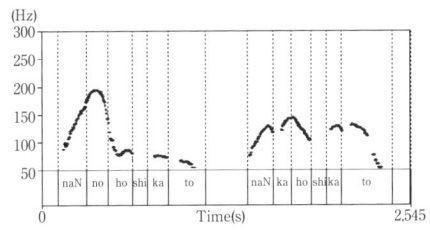

図2 長崎市方言
　左：ナンノホシカト（何がほしい？）
　右：ナンカホシカト（何かほしい？）

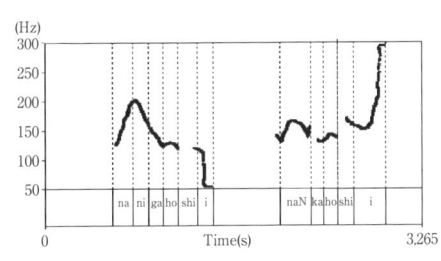

図3 松本市方言
　左：ナニガホシイ（何がほしい？）
　右：ナンカホシイ（何かほしい？）

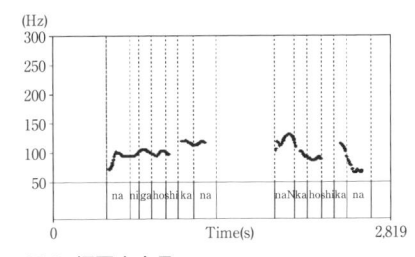

図4 福岡市方言
　左：ナニガホシカナ（何がほしい？）
　右：ナンカホシカナ（何かほしい？）

（「日本語音声」CDより。ピッチ図はPraatを使用して作成した）

2 新しいイントネーションの誕生と伝播

　「それでェ⤴、あたしがァ⤴」のように、文節の終わりの音を伸ばして、昇降調（上昇してから下降する）で発音するようなイントネーションを「尻上がりイントネーション」と言います（図5）。1970年代から、関東の若い女性が使うようになり、あっという間に全国に広がりました。「尻上がりイントネーション」の役割は、「それでネ、わたしがネ」、「昨日サア、行ったらサア」のような間投助詞の「ネ、サ」と同じで、文節の最後をきわだたせて、話がまだ続くことを表すことにあります。そのせいか、「尻上がりイントネーション」は「幼い、甘い、かわいい、軽薄」などの印象を人に与えるようです。

1990年ごろになると、「半疑問イントネーション」が生まれました。疑問文でもないのに文の途中で「鈴木さん↑ っていう人が昨日来て」のように、上昇調が挿入される話し方で、これも若い女性が使い始めたものです。今では、男の人も使うようになり、全国にも急速に広まっています。「半疑問イントネーション」の役割は、相手が理解しているかどうかを話の途中で確認することや、自分の発言の内容に自信がないことを相手に示すことにあります。疑問文の上昇調を応用したものと言えます。

　最近は、「とびはね音調」が若い人の間で急速に広まっています。図6の「kawaikunai（かわいくない）」の部分の音調が「とびはね音調」です。「かわいくない」は本来なら「カワイクナイ」のようなアクセントで発音されます。しかし、図6では「カワイク」と「ナイ」のアクセントが消え、最後までずっと上昇しています。これが「とびはね音調」の特徴です。「とびはね音調」が表す意味は、同意要求です。従って、図6は「これ、かわいいでしょう？」という意味になります。図7は、首都圏の高校生に「とびはね音調」を聞かせて、自分も同じような音調を使うかどうかを尋ねたときの回答です。「○反応」は「自分と同じ」、「△反応」は「自分は使わないが聞く」、「×反応」は「使わないし聞いたこともない」という回答です。男子に比べて女子のほうが「とびはね音調」を使うと意識している人が多いことがわかります。

　「とびはね音調」はどのようにして生まれたのでしょうか。じつは、「とびはね音調」が現れる以前、東京では同意を求めるときに「浮き上がり調」が使われていました。「浮き上がり調」とは、「カワイクナイ—」の「ナイ—」の音調の谷が消えて「カワイクナイ」のように発音されたものをさします。ここから、さらに「ク」の谷が消え、「カワイクナイ」のようになったのが「とびはね音調」ではないかと思われます（田中2010）。新しいイントネーションが生まれるときにも、経緯や理由があるのです。

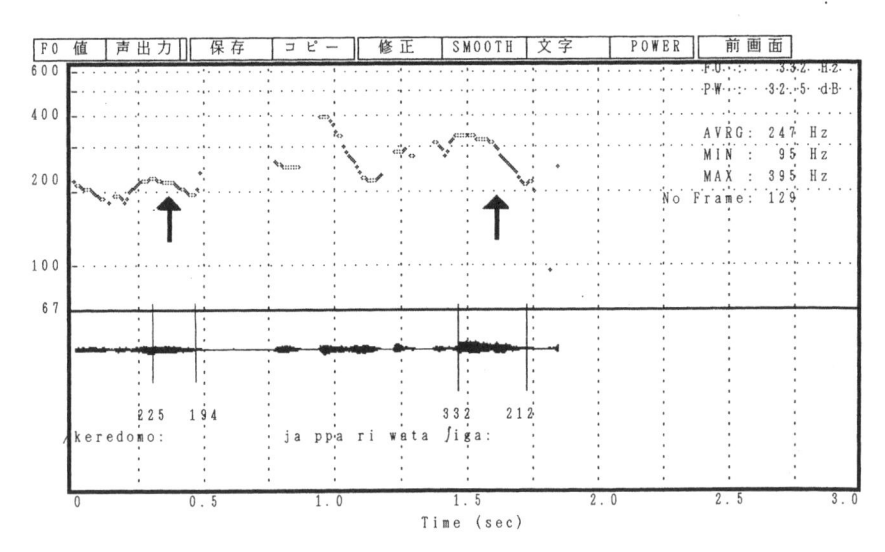

図5 尻上がりイントネーション 「けれどもォ⤴　やっぱりわたしがァ⤴」

(井上史雄2008, 374頁)

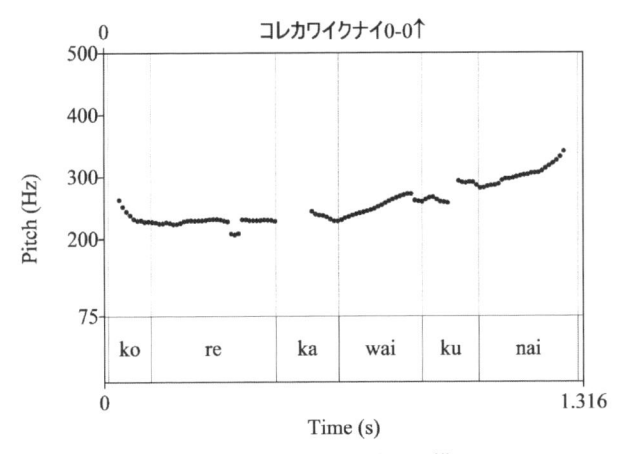

図6 田中（1993）と同じ音源のPraatによる再描画 (田中2013作成)

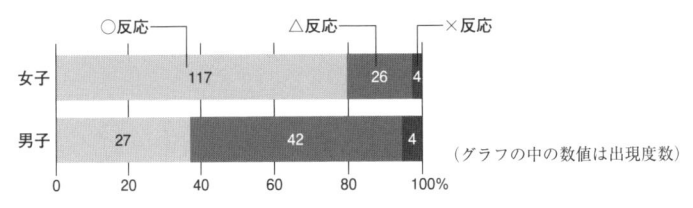

図7 「とびはね音調」の意識　(田中2010, 140頁)

第2章　ことばの仕組みから見える地域差

第4課 アスペクトの地域差

1 東日本の「ている」、西日本の「よる」「とる」

　最近、駅のホームで次のような放送を耳にします。
　　ドアが閉まっています。駆け込み乗車はおやめください。
　「ドアが閉まっています」は普通、ドアが閉じた状態（図1の(c)）を表します。従って、駆け込み乗車はできないはずです。おそらく、このアナウンスはドアが動き始めて、閉まる途中の状態（図1の(b)）を指しているのだと思います。では、このような状態は東京方言でどう言えばよいのでしょうか。「ドアが閉まります」でしょうか。それだと(a)になります。「閉まりつつあります」、「閉まる途中です」でしょうか。これだと(b)を表しますが、話し言葉としてはあまり馴染みがありません。じつは、東京方言には(b)の状態を表す適当な表現がないのです。

　ところが、西日本にはこれにぴったりの表現があります。それは「閉まりよる」です。「閉まりよる」はまさに、ドアが動き始めて閉まる途中の状態を表します。一方、(c)の方は、西日本方言では「閉まっとる」と言います。

　動作や変化は「開始〜進行〜終了〜結果」という一連の過程を経て完成します。動作や変化がどの過程にあるかを表す文法的カテゴリーをアスペクトと言います。西日本方言では上に述べたように、「よる」が動作や変化の進行の過程（進行態）を表し、「とる」が終了後の結果の過程（結果態）を表します。それに対し、東日本方言には進行や結果を表す語形式が「ている」1つしかありません。そのため、うまく表現できない場合が生じるのです。

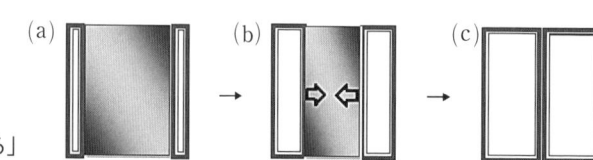

図1「ドアが閉まる」

アスペクトの地域差 | 第4課

　別の例を見てみましょう。図2と図3は「桜の花が散る」の進行態と結果態をどう表現するかの地図です。西日本では、図2で「チリヨル」が、図3で「チットル、チッチョル」が使われています。これに対し、東日本では図2でも図3でも「チッテル」が使われています。

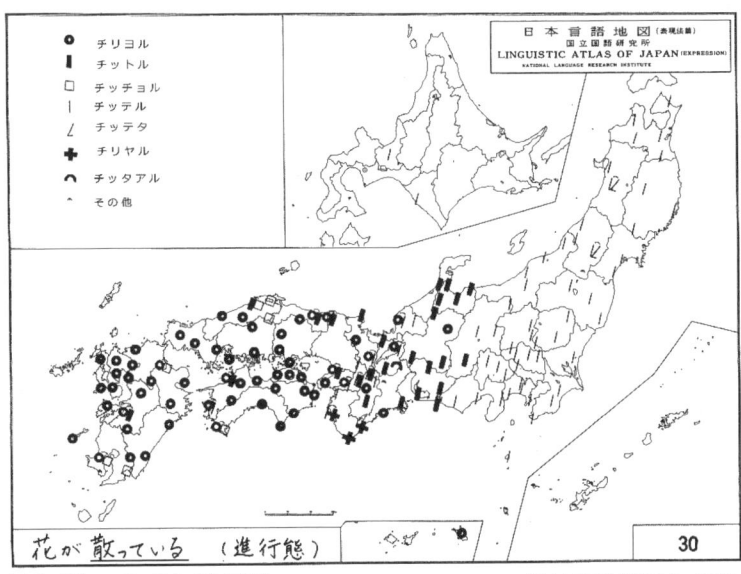

図2「散っている」（進行態）　　　　　　　（国立国語研究所1979, 73頁）

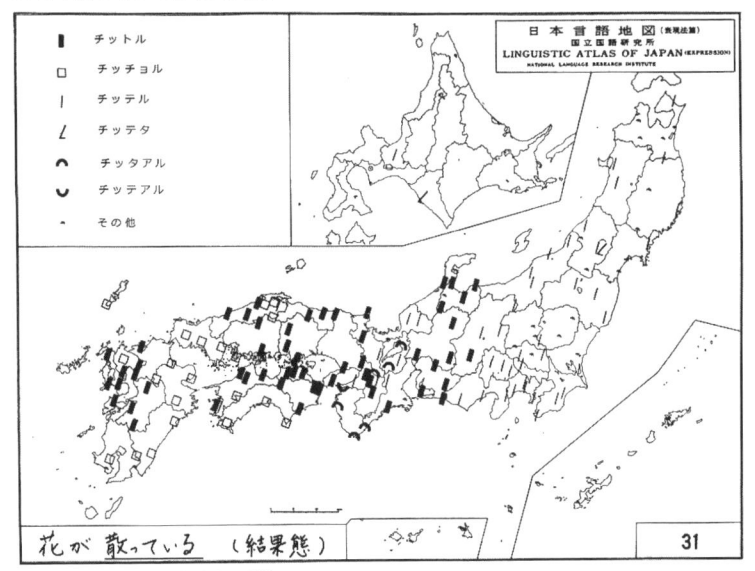

図3「散っている」（結果態）　　　　　　　（国立国語研究所1979, 75頁）

ここまでを表1にまとめてみましょう。

表1 西日本方言と東日本方言のアスペクト表現

方言＼動詞	西日本方言		東日本方言	
意味	「閉まる」	「散る」	「閉まる」	「散る」
進行態	閉まりよる	散りよる	—	散って(い)る
結果態	閉まっとる	散っとる	閉まっている	

2 アスペクト体系の東西差

　西日本方言のアスペクト体系はとてもシンプルで、「閉まる」でも「散る」でも、「よる」が付けば進行態を、「とる」が付けば結果態を表します。それに対し東日本方言の「ている」は、直前の動詞の種類や場面によって、進行態を表したり結果態を表したりします。東日本方言の「動詞＋ている」の意味は、どうやって決まるのでしょうか。他の動詞の例をもう少しあげてみましょう。

表2 東日本方言の「動詞＋ている」の意味

「閉まる」タイプ	進行	結果	「散る」タイプ	進行	結果
金魚が死んでいる	×	○	雨が降っている	○	○
財布が落ちている	×	○	水を飲んでいる	○	○
家が建っている	×	○	家を建てている	○	○

　「閉まる」タイプと「散る」タイプの違いは何なのでしょうか。それは、「閉まる」タイプの動詞が動作や変化の終了を必須条件とするのに対し、「散る」タイプの動詞がそれを必須条件としないという点です。たとえば、「散る」タイプの「降る」「飲む」「建てる」は、動作が途中で終わっても動詞の意味が成り立ちます。その証拠に「雨がちょっとだけ降って止んだ」「水を半分だけ飲んだ」「家を途中まで建てた」が可能です。それに対し、「閉まる」タイプの「死ぬ」「落ちる」「建つ」は、動作や変化が完成しなければ動詞の意味が成り立ちません。「金魚がちょっとだけ死んだ」「財布が半分だけ落ちた」「家が途中までたった」は変です。そのため、「閉まる」タイプの動詞では「ている」が付いても動作や変化の途中の過程を表せないのです（木部2009）。

アスペクトの地域差 | 第4課

　一方、西日本方言では、「よる」が動作や変化の途中の過程に、「とる」が終了後の結果の状態に結びつくので、表2のアスペクト表現がすべて可能となります。次のような表現も可能です。
- 金魚が死によったけど、生き返った。
- もう少しで財布が落ちよった。気がついてよかった。
- 家が建ちよったのに、途中で作業が止まった。

　図4に「もう少しで落ちるところだった」をどう言うかの地図をあげておきました。西日本には「落ちよった」が広がっていますが、東日本には「落ちるところだった」などの「ている」以外の語形が広がっています。

　ところが、最近は東京方言でも、目の前でシャッターが閉まるのを見ているときには、「シャッターが閉まっている」（進行態）と言うようになってきました。シャッターは途中で止まることもありますから、「閉まる」は終了を必須条件としない動詞の仲間入りをしつつあるようです。最初にあげた電車のドアの例も、これと同じかもしれません。

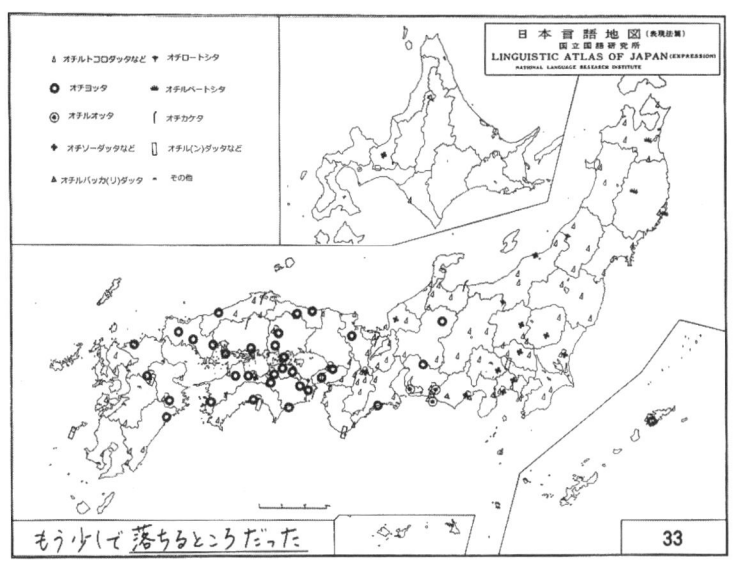

図4「もう少しで落ちるところだった」　　　（国立国語研究所1979，79頁）

第5課 条件表現の地域差

1 順接仮定条件表現—「ば」と「たら」の地域差—

次の文は、どういう状況を表しているでしょうか。

A 雨が降れ<u>ば</u>、きっと気温が下がるだろう。
B 雨が降っ<u>たら</u>、きっと気温が下がるだろう。

どちらも、「雨が降る」という事態を「仮に実現する」と想定し、「それが実現した場合にどうなるか」ということを述べています。このような表現を順接仮定条件表現と言います。「ば」と「たら」はどちらも、共通語の順接仮定条件を表す代表的な形式です。他に「と」「なら」もよく使われます。これらは、AとBのようにとても似た使われ方をすることもありますが、少しずつ違った意味用法を担っています。

次の文で、{ }の中をどのように言うか考えてみてください。

①もっと早く {起きれ<u>バ</u>／起きる<u>ト</u>／起き<u>タラ</u>} よかった。
②右に {行け<u>バ</u>／行く<u>ト</u>／行っ<u>タラ</u>} ポストが見えます。
③もし火事に {なれ<u>バ</u>／なる<u>ト</u>／なっ<u>タラ</u>} どうしよう。
④あの人が {書け<u>バ</u>／書く<u>ト</u>／書くん（だ／や）っ<u>タラ</u>／書く（ん）<u>ナラ</u>} 私も書く。

図1は、①〜④について、東京と大阪の調査結果を示したものです。東京では、他の言い方をしないわけではありませんが、①は「起きれ<u>バ</u>」、②は「行く<u>ト</u>」、③は「なっ<u>タラ</u>」、④は「書く（ん）<u>ナラ</u>」と言う人が多いことがわかります。このように「バ」「ト」「タラ」「ナラ」は使い分けられています。

一方大阪では、①〜④のすべてで、「起き<u>タラ</u>」「行っ<u>タラ</u>」「なっ<u>タラ</u>」「書くんやっ<u>タラ</u>」と、「タラ」を使う人が多く、「バ」「ト」「ナラ」はほとんど使われていません。大阪では、使い分けをせずすべての場合に「タラ」を多用する、という東京との違いが認められます。

①と同じ文脈の仮定表現を、全国でどのように言うかを示したのが図

2です。共通語・東京と同じく「カケバ」(あるいは発音の変化した「カキャー」)と言う地域が広い中で、関西から四国にかけては「カイタラ」であることがわかります。

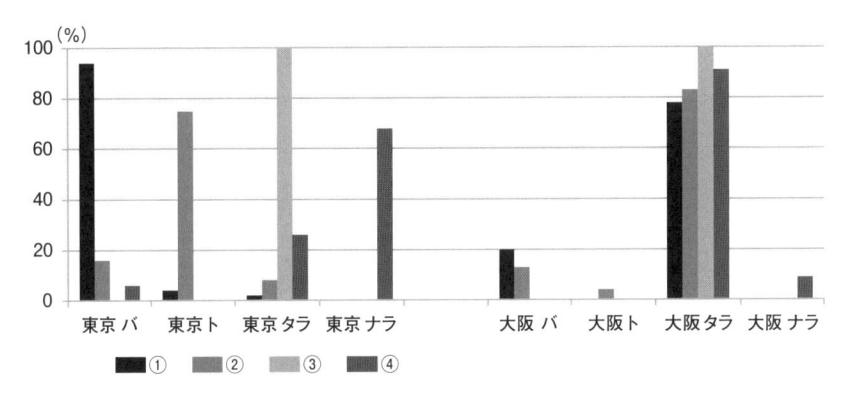

図1 東京と大阪の順接仮定条件表現
(1983年調査、東京都区内・大阪市内各100名、生え抜き10〜20代) (真田1989, 42頁をもとに作成)

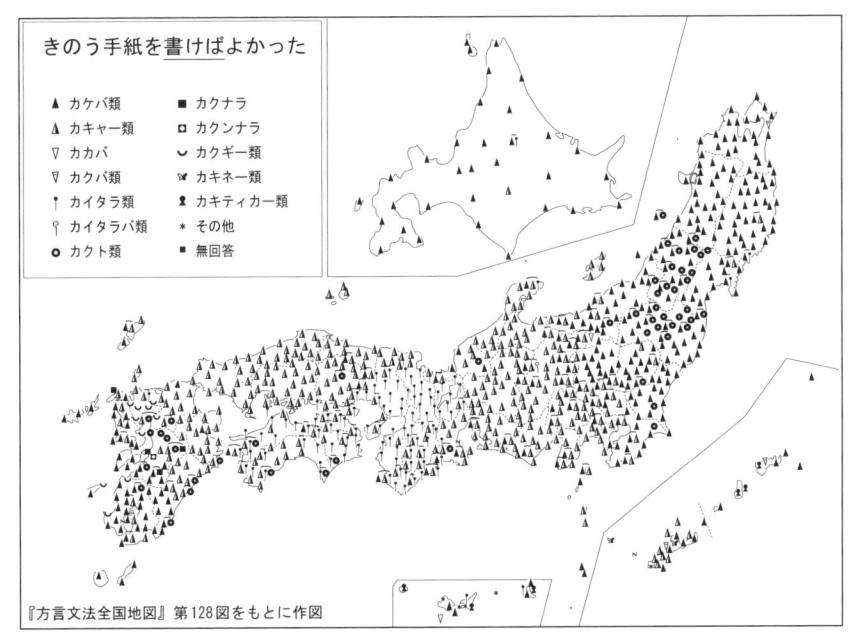

図2 順接仮定条件表現の全国分布 (三井2009, 147頁をもとに作成)

2 原因理由表現

次の文は、どのような状況を表しているでしょう。

A 雨が降っている**から**、行くのはやめろ。
B 子ども**なので**、わからなかった。

これらは、文の後半で述べる行為の理由（A）や、事態の原因（B）を文の前半で表しています。共通語では、主に「から」と「ので」が、このような原因理由の表現を担っています。

順接仮定条件表現では、形式が共通語と同じだが、使い方が方言によって違うという特徴がありましたが、原因理由表現では、全国で各地独特の形式が多く使われているのが目立ちます。図3は、「雨が降っている**から**行くのはやめろ」の「から」に当たる部分の全国分布図です。共通語と同じカラ類（東北地方太平洋側から関東地方）のほか、ケー類（中国・四国・九州地方）、サカイ類（近畿地方から東日本の日本海側にかけて）、ハンデ類（青森・秋田）、デ（中部地方、九州南部）、ヨッテ類（近畿地方）、ニ（中部地方）、クトゥ類（沖縄本島）、バ（奄美・宮古・八重山諸島）など、さまざまな言い方が見られます。

一方図4は、「子ども**なので**わからなかった」の「ので」に当たる部分です。図3と同じ形式が多いですが、東日本を中心に、図3にはほとんど、あるいは、全く見られなかったノデ類（関東地方）、モンデ類（中部地方）、ガデ・ガンネ類（北陸地方）が見られます。「から」と「ので」を区別するのは、主に東日本の方言であると言えます。

共通語の「から」と「ので」の違いの一つとして、「ので」は丁寧な文とよくなじみ、「雨が降っている**から**行くのは<u>やめろ</u>」のように、文末が普通体の命令など働きかけの強い表現である場合は、「ので」は使いにくく、「から」のほうが使われるとされています。

この点について方言の形式の使われ方を見てみます。次の文例で示すように、富山市方言の「モンデ」などは、共通語の「ので」と同じ現れ方をします。一方、岐阜市方言の「ニ」は、逆に働きかけの強い表現と

一緒でないと使われません（方言文法研究会2010）。「ので」とも「から」とも異なった性質をもつようです。

　　富山市：雨が降る ｛**サカイニ**／×**モンデ**｝ 傘を持っていけ。
　　富山市：子どもだ ｛**サカイニ**／**モンデ**｝ わからなんだ。
　　岐阜市：雨降る ｛**デ**／**ニ**｝ 傘持ってきゃーよ。
　　岐阜市：子どもやった ｛**デ**／×**ニ**｝ わからんかった。

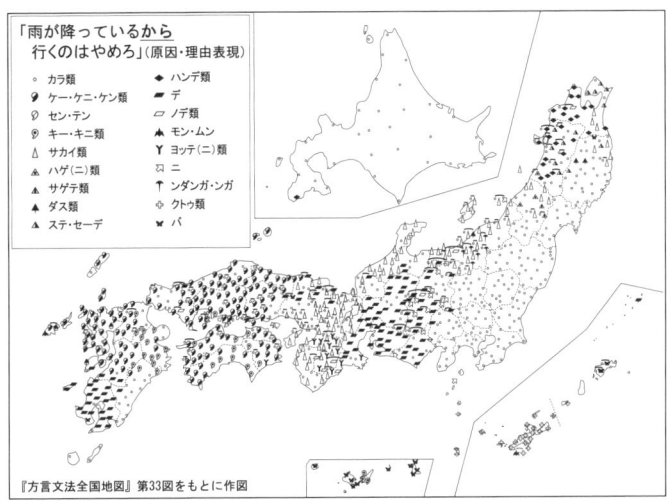

図3　原因理由表現「から」の全国分布（方言文法研究会2010, 23頁をもとに作成）

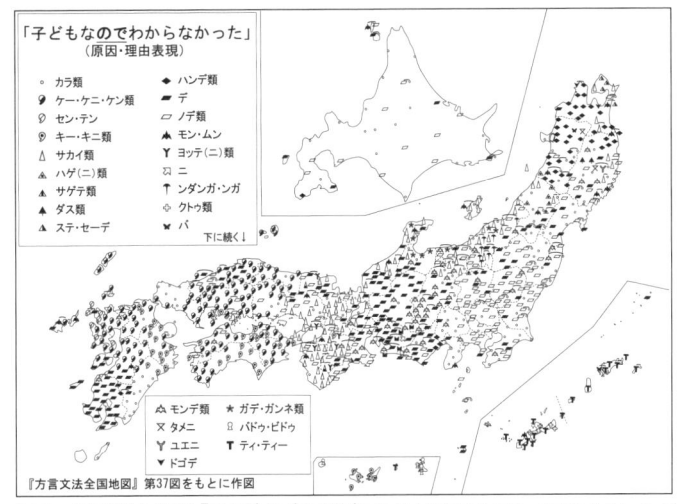

図4　原因理由表現「ので」の全国分布（方言文法研究会2010, 24頁をもとに作成）

第2章 ことばの仕組みから見える地域差

第6課 方言のオノマトペ

1 オノマトペとは

　オノマトペとは、擬音語・擬態語の総称で、感覚的な意味を表すことから、話しことばで多く用いられます。方言には独特の語形や意味用法を備えたオノマトペが数多く存在しますが、報告がまだ少なく、全国的な分布調査はこれからです。

2 オノマトペと名詞・動詞・形容詞

　「犬がワンワンと鳴く」「星がキラキラと光る」のように、オノマトペは普通、動作や状態を説明することばとして用いられます。しかし、ときによって、「ワンワン」が「ワンワンと鳴く動物＝犬」を表したり、「きらめく」のように「キラキラと光る」ことを表す動詞になったりします。方言のオノマトペにも、このような現象が見られます。

　まず、『日本言語地図』の「牛の鳴き声」を見てみましょう。牛の鳴き声は、各地で「モー・メー・ボー・ベー」のように［m］と［b］の音で表現されています。東北や中部地方には、このうち「メー・ベー」のように［e］の母音をもつ語形が分布しています（図1）。「ベー」よりも「メー」のほうが広く分布していますが、［m］と［b］は発音が似ていて、交替することがよくあるので（寒い：サムイ～サブイ、守り：マモリ～マボリなど）、「メー」と「ベー」は、もとは同じと考えられます。これがもとになってできたのが、「牛」を表す「ベゴ・ベコ」です。図2は「牛」を「ベゴ・ベコ」と言う地域を示した図ですが、東北では「牛の鳴き声」を「メー・ベー」と言う地域とほぼ重なっています。おそらく「ベー」というオノマトペに親愛を表す「コ」（どじょっ<u>こ</u>、ふなっ<u>こ</u>（ドジョウ、フナ）の「こ」）を付けたのが「ベゴ・ベコ」だと思われます。

　鹿児島県喜界島方言の「猫」の名称「グルー」は、猫が喉を鳴らす音

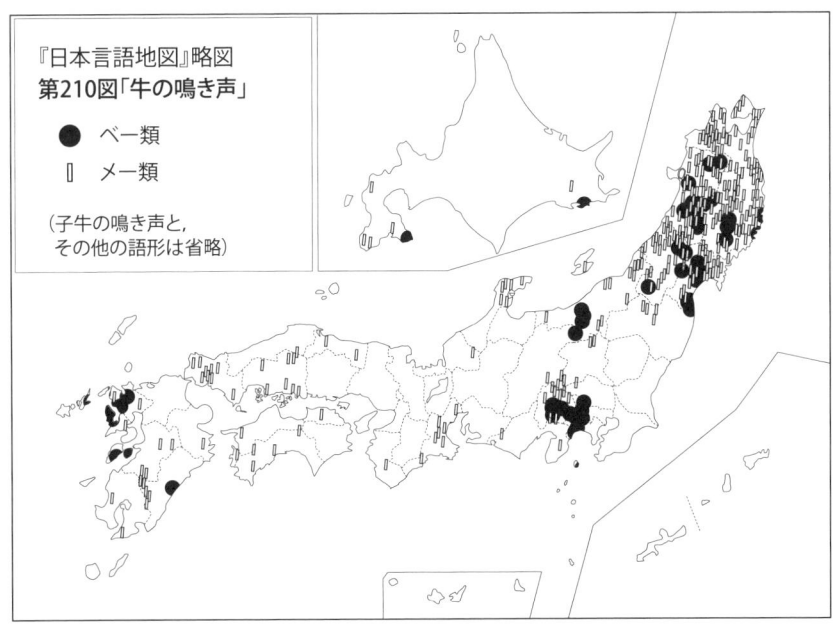

方言のオノマトペ | 第6課

図1 「牛の鳴き声」　　　　　　　　　　　　　　　　　　（『日本言語地図』210図をもとに作成）

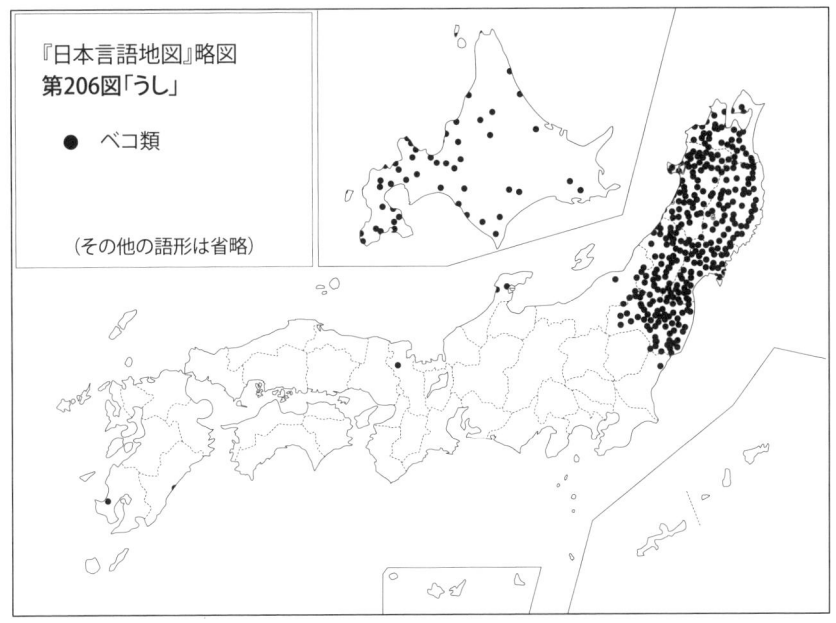

図2 「牛」　　　　　　　　　　　　　　　　　　　　　　（『日本言語地図』206図をもとに作成）

「グルグル」から生まれた名称（中本1981、1987）、同じく喜界島方言の「鶏」の幼児語「トゥートゥー」は、鶏を追うときの「トゥートゥー、トゥートゥー」から生まれた名称です（竹田2010）。これらは鳴き声ではありませんが、動物に関係するオノマトペが名称に転じた例です。

次に、オノマトペが動詞や形容詞になる例を見てみましょう。共通語では、「きら<u>めく</u>」や「がた<u>つく</u>」のように、オノマトペに「―めく」「―つく」などの接辞を付けて動詞を作ります。接辞の種類には地域差がありますが、東北地方では「―メグ」「―メガス」「―ズ／ジ」「―ネァ」などの接辞を付けます。次にその例をあげておきます。

オノマトペ（意味）	接辞（品詞）	オノマトペ由来の述語（意味）
テパカパ／テパテパ（忙しく動き回るさま）	―メグ（動詞）	テパーメグ（忙しくする）
	―メガス（動詞）	テパーメガス（忙しくさせる）
ネパカパ／ネパクパ（粘つくさま）	―ズ／ジ（形容詞）	ネパカパーズ（粘つく）
カチャクチャ（混乱して気がめいるさま）	―ネァ（形容詞）	カチャクチャ―ネァ（気分が晴れない）
ヒラヒラ（擦過傷ややけどで痛むさま）	―コエ（形容詞）	ヒラ―コエ（ひりひり痛む）
セラセラ（痰が喉や器官にからむさま）	―ポエ（形容詞）	セセラ―ポエ（喉がぜいぜいする）

（竹田編2012）

3 オノマトペの地域差

オノマトペの地域差については、まだあまりわかっていませんが、いくつか報告がありますので、それを紹介しておきましょう。

まず、ある表現において、オノマトペを使うか、使わないかの調査報告があります。図3は、大声で泣く様子の表現にオノマトペを使うか、それともオノマトペ以外の語（オーゴエデ、ゴッツー、ドエライ、イガル、オメク、ホエルなど）を使うかの集計図です。東北は他の地域に比べてオノマトペを使う割合が高くなっています。全国の談話資料の考察でも、オノマトペの使用が東北地方で高いことが指摘されています（三井・井上2007）から、東北はオノマトペを多く使う地域と言えそうです。

次に、身体の痛みや違和感を表現するオノマトペの地域差に関する報告があります。たとえば、徳島には「(頭が) ハチハチする」「(歯・皮膚が) サクサクする」、高知には「(歯が) ズイズイする」、山口には「(頭が) ワクワクする」、東北地方には「(胸が) ハカハカする」「(喉が) セラセラする」「(胸・腹が) トヤカヤする」「ザラッとする（悪寒）」などがあります（竹田編2012）。

 オノマトペは語形が短く、感覚的に使用できるため、話し手にとっては大変、便利で他の語に置き換えがたい存在なのですが、その方言を知らない人にとっては、馴染みがうすく、意味が理解しにくいという一面をもっています。そのため、オノマトペは、いわゆる気づかない方言になりやすかったり、個人語、臨時の造語であると誤解されたりすることもあります。しかし、オノマトペは、日本語や方言の最大の特徴であり、日常生活に欠くことはできません。まずは、方言のオノマトペを集めることから始め、その方言を知らない人にもわかるように説明していくことが重要です。

・オノマトペによる表現
○オノマトペ以外の表現
N 無回答

図3「大声で泣く様子」のオノマトペ　　(小林2010, 43頁)

第3章 コミュニケーションから見えることばの地域差

第1課 あいさつの地域差

1 朝の出会いのあいさつ

　朝、近所の人と会ったときには「おはようございます」、夜なら「こんばんは」——共通語では、このような決まったあいさつことばが真っ先に思い浮かぶでしょう。ところが地域によっては、そのようなとき「頭を下げたりするだけで、特に決まった言い方はない」というところがあります。方言では、共通語と違って、「おはようございます」や「こんばんは」にあたる定型的な表現が優勢ではない地域があるようです。

　図1は、「朝、近所の目上の人に道で出会ったとき」のあいさつの全国分布図です。「オハヨーガンス」(東北各地)、「オハヨーサン」(近畿とその周辺)、「オハヨーアリマス」(広島・山口)など、共通語と同じくオハヨーに各地の丁寧形式を付けた「オハヨーゴザイマス」類が、全国に広く使われています。一方、その元の形と見られる「ハヤイネ」類が、東北北部・九州南部など本土の周辺部に分布しています。形式と意味の両面で固定化の進んだ表現である「オハヨーゴザイマス」に対して、「ハヤイネ」は、実際に相手が朝早く活動している様子に言及する生きた表現です。周圏論的解釈(1章3課)に従うと、分布の面からも、定型化の度合いの低い「ハヤイネ」類が、固定化の進んだ「オハヨーゴザイマス」類の前身であることが見て取れます。

　さらに、天候を話題にする「イーテンキダ」類、行く先を尋ねる「ドコエイクカ」「デカケルカ」類、起床を確認する「オキタカ」類も、沖縄を含む全国の周辺部に多く見られます。これらは、一般的に出会いの場面でよく交わされる話題とも受け取れます。しかし、「オハヨーゴザイマス」のようなきまり文句のあいさつことばだけでなく、このような表現が地域的にまとまって多く回答されるということは、やはり、出会いの際のやりとりが一言の常套句に定まってはいない、という事情を反映するものと見られます。次にそのような会話の例を示します。相手と

あいさつの地域差 | 第1課

の心理的な距離の近い、率直な表現であることもうかがわれます。

宮城県仙台市泉区根白石の朝のあいさつ（A：1879年生・女　B：1901年生・男）

A　起きたかぁ。
B　はい。
A　今　起きたのかや。
B　えへー、なんだぇー、おんつぁん　早ーごたー。おれ　早ーと　思ったら　おんつぁん　まだ　早ーねー。
A　なーんにぁ、寝てらんねーぜ。忙すくてや。
B　なーに　ほんなに　忙すぃの。
（日本放送協会編1966, 156頁より、表記を改変）

　日本のあいさつは諸外国に比べて定型性が高い、という指摘があります（国立国語研究所1984、馬瀬他1988）。しかし方言を視野に入れると、別の側面が見えてきます。特に決まった言い方のない段階から、よく交わされる話題のやりとりを経て、次第に一言の専用のあいさつことばが定着した——方言の分布からは、このような変化の方向が推察されます。

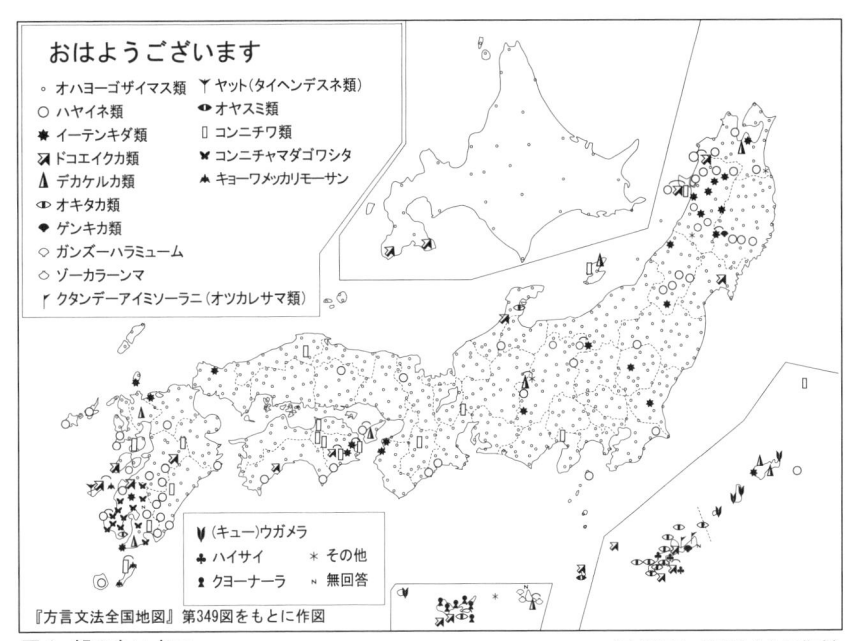

図1　朝のあいさつ　　　　　　　　　　　　　　（三井2006, 81頁をもとに作成）

第3章　コミュニケーションから見えることばの地域差

2 買い物のあいさつ

　次に、近所の店で買い物をするときのあいさつについて見てみます。朝の出会いの場面では、「ことばをかけるかどうか」「専用の言い方があるかどうか」という点に地域差が見られましたが、買い物の場面ではどうでしょうか。

　図2は、少額の買い物をしたにもかかわらず1万円しかない場合、客はどのようなことばを添えてお札を差し出すかをたずねた結果です（対象者は全国約2100名の高年層）。この図には現れていませんが、まず、全国で約80％の人が、何らかのことばを添えると答えたのに対し、北海道・青森・秋田・宮城と、大分・鹿児島・沖縄のような日本の周辺地域、および、長野・富山のような中部の一部では、そのような行動は50〜60％台に止まり、特に断りを言わないという人が多くなっています。次にどのようなことばで断るかを見ると、図2のとおり、「一万円でお願いします」のような〈依頼〉型が、ほぼ全国に見られるのに対し、「一万円札でもいいか」のような〈確認〉型は、九州北部と沖縄で特によく使われています。

　図3は、買い物を終えた客が店を出るとき、店の人になんと声をかけるかです。感謝の表現である「アリガトー」類（オーキニなどを含む）が中部地方以西で盛んに用いられています。これに対して「ドーモ」類は東日本に多く、特に東北に目立ちます。「ドーモ」は、この他、客を送るときの店の人のあいさつ、店に入るときの客・店双方のあいさつでも多く回答されており、東北地方における汎用のあいさつことばであることがうかがわれます。他に、「オセワサマ」が関東に多く、一般的な別れのあいさつである「サヨーナラ」が中国・四国に多いこともわかっています。

　朝の出会いの場面と同様、買い物の場面でも「ことばを添えるか」「専用の言い方があるか」という点について、地域差が見られます。また、「依頼か確認か」、「感謝か別れのあいさつか」といった表現のしかたにも地域差が見られるようです。

あいさつの地域差 | 第1課

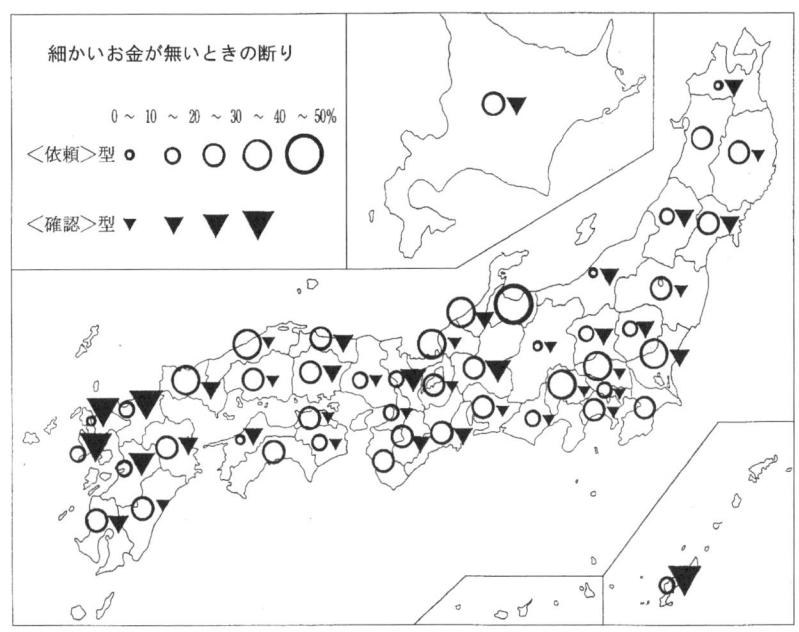

図2 細かいお金が無いときの断り　　　　　　　　（篠崎・小林1997, 94頁）

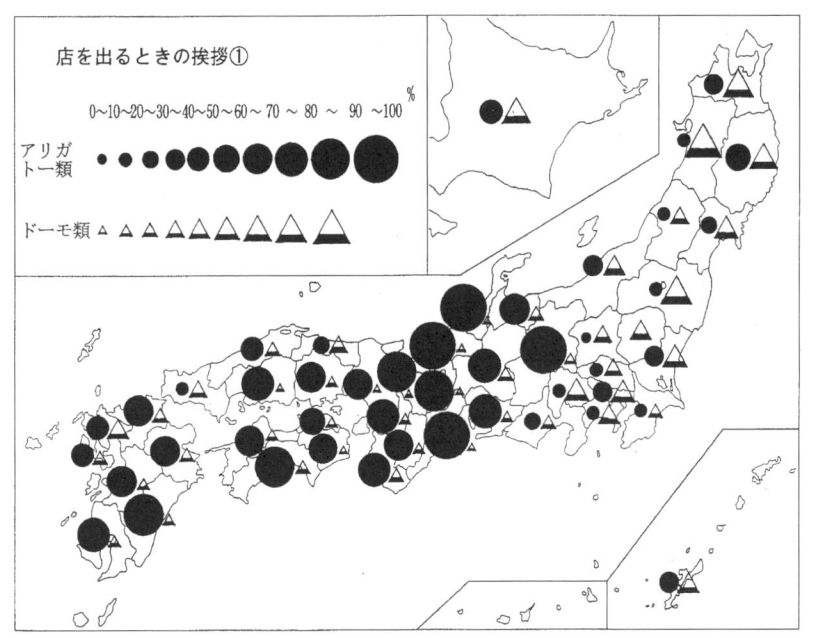

図3 店を出るときのあいさつ　　　　　　　　　　（篠崎・小林1997, 96頁）

第2課 話の進め方の地域差

1 相手に説明するときの話し方

　人の話を聞いていて、「ストレートに物を言う、きつい言い方だな」「押しつけがましいな」と感じたり、「回りくどくて言いたいことがはっきりしない」と感じたりすることがあります。話し手の個人的な性格と思いがちですが、中には、話の進め方に地域による傾向的な違いがある場合もあるようです。

　ここでは、一人の人が相手に向かって何かを説明しているときの話し方を見てみます。次のページに大阪と東京の高年層の方の話しぶりの例をあげました。ことばそのものの違いの他に、話の進め方の面で、どのような違いが見られるでしょうか。次のチェックポイントを参考に比べてみてください。

キーワード		大阪	東京
そいで、ほんで、んで、で	接続詞「それで」類	5	4
だから	接続詞「だから」	0	3
ほら	喚起	0	1
〜の・ん・わけ、のですよ・んだよ／ね	「のだ」類	3	5
でしょう？、ん／わけだよね？	確認	0	4
ね、ねー	間投助詞、終助詞	9	10
〜はい・うん・うんうん	自分でうなづく	6	1

数字は出現回数

　大阪方言の談話では、時々「〜ねー、〜ね」と相手に話を向けながら、「〜のですよ」「〜わけ」(=「のだ」類)と実情を説明し、「で」「そいで」「んで」「ほんで」(=「それで」類)という接続詞で説明を付け加え、区切りでは「うん」「はい」と自分で納得しながら話を続けています。

　これに対して東京方言の談話では、それに加えて、「〜でしょう？」「〜ん／わけだよね？」と、相手に話の内容の理解を求めて確認し、「ほら」と知っているはずのことを思い出すように注意を喚起するなど、相手に積極的に働きかけながら話を進めています。また、「だから」とい

う接続詞で、自分の考えで話を展開するということを明示しています。

　パターン化すると、大阪は「〜でね、ほんで〜でね、うん。」という《説明累加自己納得》タイプ、東京は、大阪のパターンを含みつつ、「だから、ほら、〜んだよね。」という連鎖が特徴的な《自己主張他者引き込み》タイプと言えるでしょう（久木田1990，琴2005）。

１．大阪の談話の例：大阪を代表するものについての話（昭和8年生・男性）
(1) 他には、大阪では―ねー、その、文楽を―ねー、あれですから、うん。これからね、ますます発展し、発展させないかんしね、うん。
(2) それでも、文楽の師範が言いはんのは、大阪の子がお弟子さんにならんのですよ、うん。儲けんならんから、うん。
(3) で、よその土地の子が来て、そいで、文楽の勉強しますと。
(4) で、みんな大阪弁でー、その、床本(ゆかぼん)習うて、んで、その勉強がすんだら、ジーパンやら―ねー、その、ブレザーに着替えて「じゃ、競輪に一遍(いっぺ)行っか」言うような土地の人がー、文楽習うとん。
(5) ほんで、住太夫(すみたゆ)さんなんか泣いているわけ。大阪の土地の子に―ねー、文楽のね、演者になってほしい言うて、うん、嘆いてはります。
(6) うーん、つい最近では、あのー、日本橋の中学卒業した子が一人、お弟子さんに入りました。
(7) それ、大阪の子ですからね。それがつい最近のニュースです、はい。新聞にも載りましたからね。
（琴2005，8頁より、表記を改変）

２．東京の談話の例：東京山の手の戦時中の話（昭和7年生・男性）
――先生は疎開とかは。
(1) は？　僕の？
(2) 僕らは、違う。帝都防衛要員だよ。
(3) だから軍事教練やらされた。中学生はね、もうね。
(4) ああ、さっき言った、あの、Kさんね、K書店ね、それが組長でしょう？
(5) 夜中に空襲警報が起こると、おやじはうちにいるわけ。
(6) で、僕は、まあ、1人余ってるんだね。中学生。弟はもう学童疎開に行っちゃってね。
(7) で、だから2年下なんだけど、僕は中学2年生で、もうあれだよ、町を守る方なんだよね？うちを守るんじゃないんだよ。
(8) だから、何、でね？　空襲警報が鳴ると、ぱっと行って、町会事務所へ行くと、ね？あの、何やってこいって、そのK書店のおやじに言われるわけだよね？
(9) 何のことはない、あの、つるはしってあるわけだよね？
(10) で、あの年は寒くてね。あの、夜中に、あの、ほら、防火用水ってみんなどこにもあるわけで、それを氷を割るわけ。まずね。
(11) それから起きてないうち、空襲警報で寝るうち、空襲警報ですよって言って、警報ですよって言って、氷を割って歩くの。
(12) 中学生3人ぐらいでね、うんうん。

（国立国語研究所共同研究プロジェクト「首都圏の言語の実態と動向に関する研究」2012年5月6日収録）

2 お祝いを伝えるときの話し方

　話の進め方には、「どのように話すか」という面のほかに、「何を話すか」という面があります。普段の会話の内容は、テーマに応じてさまざまなので、そこに地域差を見出すのは難しいですが、「お祝いを伝える」「謝罪する」「人を誘う」など、目的のはっきりした会話であれば、ある程度比べることができそうです。たとえば、今度結婚することが決まった友人がいたとして、その人にどのように声をかけるでしょうか。また、声をかけられた人はどのように答えるでしょうか。

　次のページに、A、Bのような場面でどのように言うか、各地の調査による回答例を示しました（方言研究ゼミナール、1990年調査）。〈　〉内はその部分で表現されている内容を短く示したものです（沖2006による）。

A　嫁をもらうことが決まった家の人に道で出会って、近所の人たちはどのようなお祝いのあいさつをしますか。
B　嫁をもらう家の人は、そのあいさつに応えて、どのようなあいさつをしますか。

　まずAの「お祝いを伝える」表現を見てみましょう。ことばそのものは各地それぞれですが、全国的に「おめでとうございます」のような〈祝い〉、「決まったそうですね」のような〈確認〉、「よかったですね」のような〈感想〉を含む表現が基本であり、場合によってはそれに「安心ですね」のような相手の〈心情推測〉をする要素が加わって、「お祝いを伝える」表現が構成されています。その中で、近畿地方にだけは、(3)の京都市、(4)の滝野町のように、お嫁さんのことや結婚に至る過程をいろいろと尋ねる、〈社交的尋ね〉という特徴が見られます。

　次にBの「お祝いを受ける」側の表現を見ます。全国的に「ありがとうございます」「よろしく」「おかげさまで」という〈感謝〉〈依頼〉〈恩恵〉と、「決まった」「もらうことになった」のようなごく短い〈報告〉の組み合わせが基本です。その中で、やはり近畿地方には、(4)の滝野町

のように、自分の家を謙遜してお嫁さんを立てたり（〈謙遜嫁配慮〉）、結婚に至る経緯を細々と報告する例が目立ちます。多くのことばを費やして積極的に話題にしている点が、Aで見た〈社交的尋ね〉と共通しています。さらに京都以西の西日本には、(5)の福岡市のように、話し手自身の感情を述べるのに、「喜んでいる」のように客観的に〈感情描写〉したり、「いい嫁」（〈積極嫁配慮〉）のように対象に投影して語ったりと、描写的な表現をする傾向が見られます。

　お祝いの場面の会話から、近畿地方、および、西日本に、特徴的な話題の取り上げ方や表現のスタンスがあることが見えてきました。

「嫁をもらう家の人にお祝いを伝える―お祝いを受ける」会話

(1) 山形県三川町
A　／嫁決まったんでねが〈確認〉。／いがったのー〈感想〉。
B　／おかげさまで〈恩恵〉／いがった〈感情発露〉。

(2) 愛知県名古屋市
A　／このたびはおめでとうごぜぁーます〈祝い〉。／ご婚約が整われましたそうで〈確認〉。／結構でございますなも〈感想〉。
B　／ありがとうございます〈感謝〉。／ま、今後ともよろしゅうおねげぁーいたします〈依頼〉。

(3) 京都府京都市
A　あ、こんにちは。／あの、今度息子さんにお嫁さん決まったそうでございまして〈確認〉、／おめでとうございます〈祝い〉。
B　ええ。まあ、／縁あって、やっと〈謙遜〉／決まりましたんで〈報告〉。／ま、ほっとしとります〈安堵感情発露〉。／ええ人が〈積極嫁配慮〉／見つかりまして〈報告〉。
A'　／どちらの方もらわれますんですか。どなたの御紹介で。お嫁さんお年はおいくつです。〈社交的尋ね〉

(4) 兵庫県滝野町
A　／まあ、決まったったらしいでんなあ〈確認〉。／おめでとうごだいますー〈祝い〉。／どっから来てでんのん〈社交的尋ね〉。（○○からもらいまんねん。）／まあよろしいなあ。近いとこでよろしいなあ。そらもう、あっこの子ぉやったらええわあ。ちょうどよかったなあ。もうほんとにええご縁やなあ〈感想〉。
B　／へえもう決まりましたんやわ〈報告〉。／まあようあんなとこから、よう来てくれてや思いまっけど、まあうちへ来たろ言うてやはかいに〈謙遜嫁配慮〉／結構なことや思て、もらいまんねやがいな〈報告〉。

(5) 福岡県福岡市
A　／まあ、おめでとうございました、ねえ〈祝い〉。／安堵しなざしたなあ〈心情推測〉。
B　／ええ、おかげさまで〈恩恵〉。／まあ、よか嫁さんを〈積極嫁配慮〉／もらうことになりまして〈報告〉、／うちも喜んどります〈感情描写〉。

（方言研究ゼミナール1991より、表記を改変）

第3課 コミュニケーション意識の地域差

1 関西的な会話スタイル

　「お笑い」の話芸に集約されているように、関西地域の会話スタイルは、やりとりの妙味に由来する楽しさにあふれていると、全国的に受け止められています。関西的な会話スタイルとは実際にはどのようなものでしょうか。2つの実例から見てみましょう。

　例1は、関西の地下鉄の窓口で、東京からの旅行者がプリペイドカードを購入したときのやりとりです。ここでは実質的には、駅員だけが発言しています。カードの名称、利便性のアピール、金額の確認、種類の提示、デザイン選択のアシスト、選択の確認、商品の探索・確認、代金受領、釣り銭確認、商品渡し、使用可能な自販機のアドバイス、礼と、商品購入のすべてのプロセスが言語化され、それに加え、個人的な感想やアドバイス、探索行動のモニター、予測される購入者の間違いの事前ケアまで行われています。たくさんのことばを費やして、事態をきわめて積極的に話題化しているのが大きな特徴です（3章2課）。

　例2は、女子大学生同士の会話で、テレビ番組でミュージカル公演の練習風景を放送していたことを話題としたものです。Aは、初めはアクロバットの様子を熱心に話しています（「自転車に乗るだけでも〜ドテッと落ちるねん。」）。そのうち他の人の驚く様子に反応して、「なんぼー骨折るかー。（どれだけ骨を折ることか）」とオーバーに表現して笑いを取ります。そしてその後は現実から離れ、架空の話に入っていきます。内容を想像でふくらませ、骨を折る人が続出する話に仕立てています。そこに聞き手も同調し、一緒に空想をふくらませてストーリーを展開することで会話を楽しんでいます。「相手がボケればつっこむ」と言われる話術の典型です。

　積極的に話題を繰り出したり、参加者たちが巧みに協調して架空世界を構築したり…。会話の進行に気を配りつつ、話を盛り上げるこのような話しぶりが、関西的な会話スタイルの特徴と言えるでしょう。

【例1】関西の地下鉄の窓口で

客　：すみません、1000円のプリペイドカードください。

駅員：あ、「スルッとKANSAI」な。これ、便利やからね。1000円のでええの？　1000円のやったら、えーと、柄はどれにしますか。今はこれとこれとこれやな。どれがええかな。どれもええな。これはわんちゃんかわいいし、こっちは写真きれいやしね。あ、これでええの。はい。ほな、これは見本やからね、今新しいの出そうな。えーと、どこやったかな、（同僚に）どこやったっけ？　ああ、こここ、あったあった。はい、ほな、1000円な。一万円ですか。ちょっと待ってくださいね。今、おつりあげるからね。はいおまちどおさん。そしたら、いち、に、さん…。はいおつり、いいですか、確かめてな。はいこれカード。柱の向こうの自販機で使えるからね。柱のこっちのはあかんよ。向こうのオレンジ色の自販機な。緑のは現金だけやからね。はい、ほなどうもありがとう。

客　：…

(実例、2005.5採録)

【例2】女子大学生同士の会話

A：［TV番組でアクロバットによるミュージカル公演の練習風景を放送していたことを話題にして］
　　自転車乗るだけでもすごいのに、（笑）まだなんかこーんな、な。（あー。）こうゆうとこーなーんのよ。それこのまま走ってここで、こう、クルッて回んのよ。それがなーんも、なんかスポンジとかないとこへドテッて落ちるねん。

B：えー、そんな信じられん。

C：うわー。

A：あんなん、なんぼー骨折るかー。（笑）なんか、ミュージカル、ワーゆうてる間に、ボキボキボキボキゆうて。（笑）だんだん人減っていくねん。公演中に。何か初めもっといたんちゃうかなー。顔見たのに。（笑）

C：最後二人ぐらいになって（笑）運んでーって。（笑）

A：しかも［共演者も］マッチョやから運ぶのなんでもない。

(久木田2005, 149頁・150頁、一部省略・表記を改編)

2 会話スタイルを支えるコミュニケーション意識

　関西的な会話スタイルの背後には、どのような意識があるのでしょうか。大阪の状況を東京と比べながら見てみましょう。

　図1～4は、大阪の大学に在学する近畿地方出身者（以下、大阪）と、東京の大学に在学する関東地方出身者（以下、東京）に、関西的な会話スタイルについて尋ねた結果です。「会話の中でボケることがある」、「会話の相手がボケたらすかさずつっこむ」、「会話にはオチが必要だと思う」、「ちょっとした失敗は話のネタになると思う」という問いのすべてで、大阪の大学生は、「よくある」「とても思う」という回答の比率が半数かそれ以上を占めており、東京の大学生より、一貫して高くなっています。特に、図3「オチが必要」については、東京では「思わない」という回答が少なくないのに対し、大阪では「とても思う」が半数を超えていて、大きな違いを示しています。関西では、話芸に止まらず日常会話においても、「ボケ」「ツッコミ」「オチ」「失敗ネタ」といった、笑いと結びつく演出的な会話運びへの志向が高いことがわかります。おそらく話し手自身も、そのような会話スタイルをはっきりと自覚しているのではないでしょうか。

　図5は、東京・大阪それぞれの20代以上の人に「正しく話すのと楽しく話すのとではどちらが大切か」と尋ねた結果です。大阪では東京に比べて「楽しく話す」を単独で選択した割合が、特に普段の会話の場合に際立って高くなっています。関西的な会話スタイルは、このような楽しさを重視するコミュニケーション姿勢に支えられていると見ることができます。

　関西的なコミュニケーションスタイルは、現在、若年層を中心に、全国で好感を持って迎えられ、関西方言の受容につながっているようです。その場合、友だちとの会話の場を盛り上げるために関西方言をわざと交えて使う、といった使われ方が典型です。関西的スタイルが、「親しさ」「楽しさ」「リラックス」を重視するという、現代の消費社会の中で生ま

れてきた新たな価値観とマッチしたため、という指摘もあります（友定・陣内2004）。

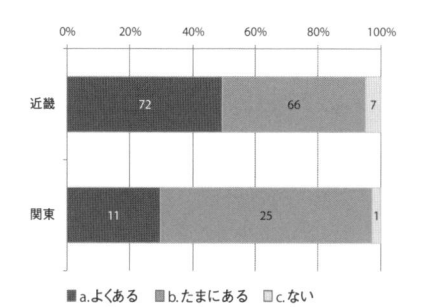

図1　会話の中でボケることがある
- 近畿: a.よくある 72, b.たまにある 66, c.ない 7
- 関東: a.よくある 11, b.たまにある 25, c.ない 1

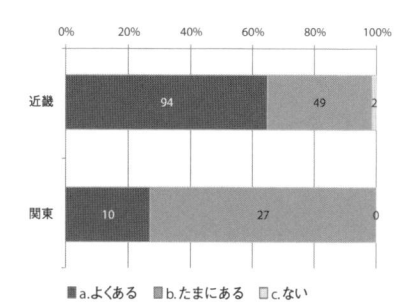

図2　会話の相手がボケたらすかさずつっこむ
- 近畿: a.よくある 94, b.たまにある 49, c.ない 2
- 関東: a.よくある 10, b.たまにある 27, c.ない 0

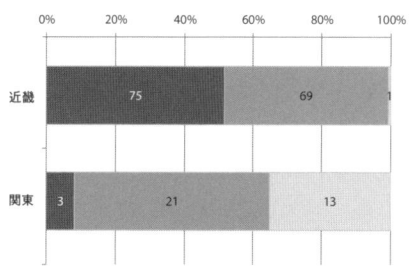

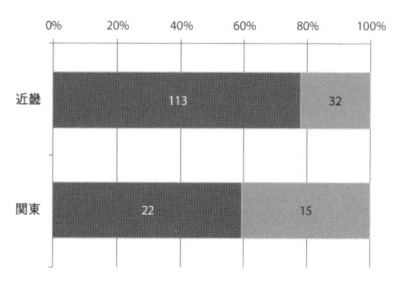

図3　会話にはオチが必要だと思う
- 近畿: a.とても思う 75, b.やや思う 69, c.思わない 1
- 関東: a.とても思う 3, b.やや思う 21, c.思わない 13

図4　ちょっとした失敗は話のネタになると思う
- 近畿: a.とても思う 113, b.やや思う 32
- 関東: a.とても思う 22, b.やや思う 15

（大阪の大学に在学する近畿地方出身者145名、東京の大学に在学する関東地方出身者37名。日高水穂・三井はるみ調査、2011年6月・2012年12月実施）

質問：普段の／改まった会話では、正しく話すのと、楽しく話すのとでは、どちらが大切だと思いますか。

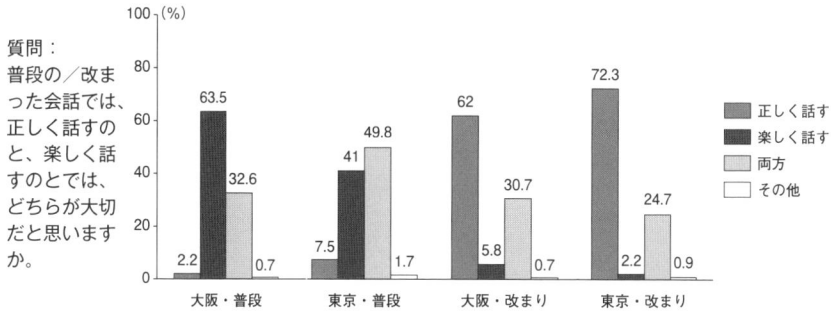

	正しく話す	楽しく話す	両方	その他
大阪・普段	2.2	63.5	32.6	0.7
東京・普段	7.5	41	49.8	1.7
大阪・改まり	62	5.8	30.7	0.7
東京・改まり	72.3	2.2	24.7	0.9

図5　場面と話し方（大阪134名・東京227名、20代以上、2000～2002年調査）（陣内2003a, 80頁）

第4課 昔話の語り方の地域差

1 昔話の様式性

　昔話は、伝説、世間話とともに、民間説話（民話）の下位に位置づけられる口承文芸です。伝説や世間話が、具体的な人名や地名を出しながら、事実譚として語られるのに対し、昔話は「むかしむかしあるところに」という時空間を特定しない虚構性に特徴があります。さらに昔話は、「むかしむかし」で語り始め、「めでたしめでたし」で語り終わるといった様式性をもっている点にも特徴があります。

　昔話の様式性にとって重要な要素となる語り始め（発端句）と語り終わり（結末句）については、表現のバリエーションに地域差があることが知られています（柳田1943）。特に結末句においては、語り終わりをにぎやかに締めくくる表現を、多様に発達させている地域があります。

- とんぴんかたりの　さんしょの実。えんどまめはちけで　ぺーんこ、ぺんこ（秋田県）
- どんぴん　さんすけ　ほらの貝　ボボーン　ボボーン（山形県）
- こんで　えんつこ　もんつこ　さけた（宮城県）
- しゃみしゃっきり、なかつかぽっきり（岐阜県）
- そうろうべったり、がんのます（石川県）
- むかし、こっぽり、どじょうの目（鳥取県）
- むかしまっこう　さるまっこう　さるのつべはぎんがり（高知県）
　　　　　（『読みがたり各県のむかし話』シリーズ〈日本標準〉より）

　こうした定型的な結末句の発達には、地域差があります。図1は、代表的な結末句の分布を示したものですが、それらが東北地方一帯と日本海側の地域に広がる一方、太平洋側の地域や九州への広がりは薄いということがわかります。

昔話の語り方の地域差 | 第4課

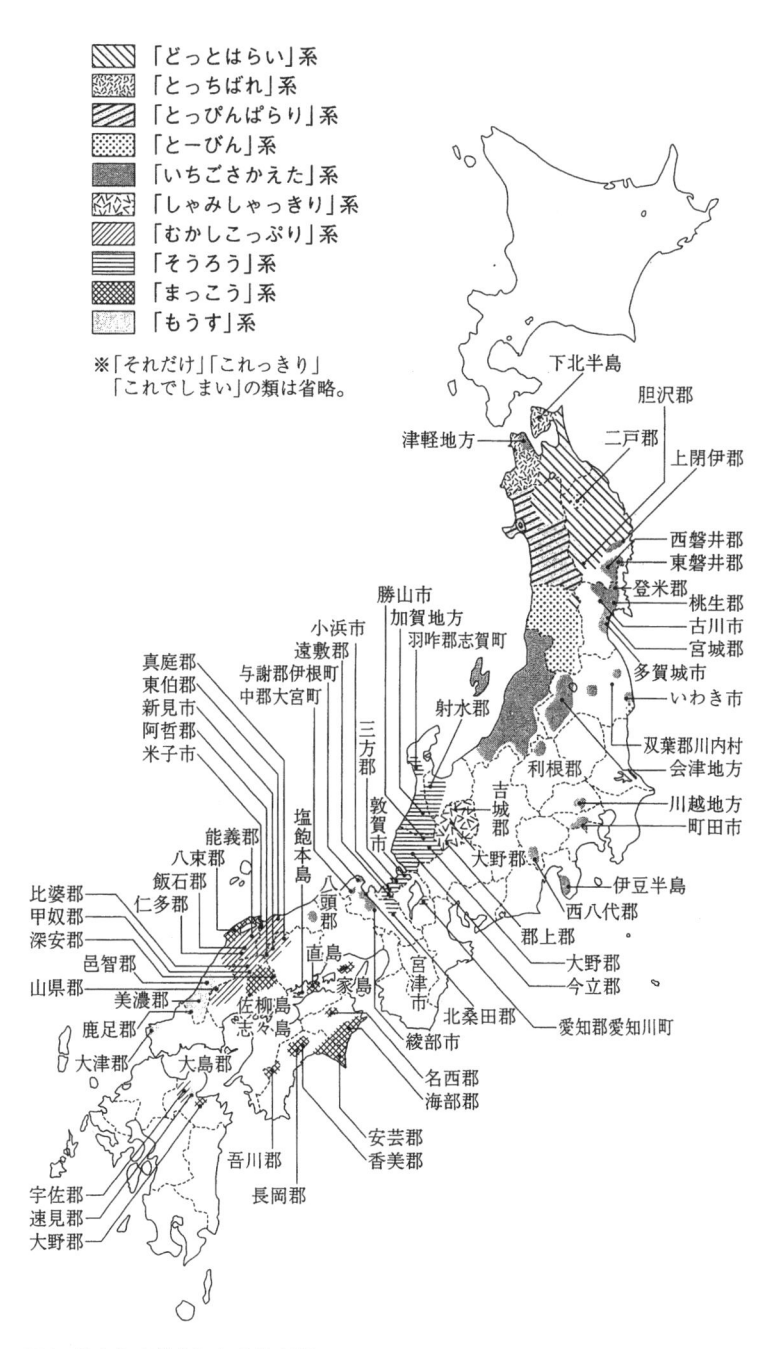

凡例:
- ▨ 「どっとはらい」系
- ▧ 「とっちばれ」系
- ▨ 「とっぴんぱらり」系
- ▨ 「とーびん」系
- ■ 「いちごさかえた」系
- ▨ 「しゃみしゃっきり」系
- ▨ 「むかしこっぷり」系
- ▤ 「そうろう」系
- ▩ 「まっこう」系
- ▨ 「もうす」系

※「それだけ」「これっきり」「これでしまい」の類は省略。

図1　代表的「結末句」の分布図　　　　　（稲田浩二・稲田和子編2010, 50頁。一部改変）

2 昔話の「語りの型」

　こうした昔話の様式性を「語りの型」と見なして全国の昔話の語りを俯瞰すると、そこには一定の地理的連続性をもつ地域差が認められます。

　次ページに示したのは、昔話「桃太郎」の冒頭部分を各地の方言に訳したものです。元にした共通語のシナリオは以下のものです。

> ［共通語］　①むかしむかしあるところに、おじいさんとおばあさんがありました。②おじいさんは山へしばかりに、おばあさんは川へせんたくに行きました。③おばあさんがせんたくをしていると、川上から大きなももがどんぶらこどんぶらこと流れてきました。④おばあさんはそのももをひろって家へ帰りました。⑤おばあさんがももを切ろうとするとももがふたつにわれて、なかから大きな男の子が生まれました。⑥おじいさんとおばあさんはその子に桃太郎という名前をつけました。

　文末の表現に着目すると、(1) 東日本にはド（ト）、西日本にはゲナ・ゲニャーという伝聞形式があり、これを重ねながら語り進める型があること、(2)「のだ」に相当する表現を用いる地域と用いない地域があること、(3) 熊本市の例のように文末の表現が固定的ではない語りもあること、などがわかります。

　文末に伝聞形式を用いず、「のだ」相当表現を重ねて語り進める京都市のような語りは、近畿地方を中心に見られるものですが、この地域の昔話は事実譚のように臨場感をもって自由に語られる傾向があり、伝説や世間話との境界があいまいである印象を受けます。事実譚として語られる、ということは、語り手の主観によって出来事が説明される（したがって「のだ」相当表現によって説明的に語られる）ということにつながります。

　熊本市のモンナーを重ねる語りも、その場にいる聞き手に対して語りかけるという臨場感に特徴があると思われますが、こうした臨場感を好む語りは、一方では、語りの様式性を拒む結果を生むことになります。

　先の図1と照らし合わせてみると、昔話に固有の「語りの型」を発達させている地域と、昔話であっても表現を自由に選択し、臨場感のある語りを好む地域が存在することがわかります。

昔話の語り方の地域差　第4課

方言で語る各地の桃太郎
（佐藤亮一監修 2007）

［岩手県花巻市］①ムガシ　ムガシ　アルドゴロサ　オジサンド　オバサンガ　イダッタ下。②オジーサンワ　ヤマエ　シバカリニ　オバーサンワ　カワエ　センタクニ　イッタ下。③オバーサンガ　センタクヲ　シテイルド　カワカミカラ　オーキナ　モモガ　ドンブラコ　ドンブラコト　ナガレデキダ下。④オバーサンワ　ソノ　モモヲ　ヒロッテ　エサ　ケッタ下。⑤オバーサンガ　モモヲ　キロートスルト　モモガ　フタツニ　ワレデ　ナガラ　オーキナ　オトコガ　ウマレテキタ下。⑥オジーサンド　オバーサンワ　ソノ　コニ　モモタロートユー　ナマエヲ　ツケタ下。

［栃木県さくら市］①ムガシ　ムガシ　アットゴニ　ジンツァマト　バンツァマガ　イタンダ下。②ジンツァマワ　ヤマサ　コサ　ガリニ　バンツァマワ　カワサ　センタクニ　イッタンダ下。③バンツァマガ　センタク　シテット　カワノ　ウエノ　ホーガラ　デッケー　モモガ　ドンブラコ　ドンブラコト　ナガレテキタンダ下。④バンツァマワ　ソノ　モモヲ　ヒラッテエーサ　ケッタンダ下。⑤バンツァマガ　モモヲ　キッペトスット　モモガ　フタッツニ　ブッツァゲデ　ナガラ　デッケー　オドゴッコガ　ウマレタンダ下。⑥ジンツァマト　バンツァマワ　ソノ　オドゴッコニ　モモタローッチー　ナマエヲ　ツケタンダ下。

［京都府京都市］①ムカーシ　ムカシ　アルトコニナー　オジーサント　オバーサンガ　イヤハッタンエ。②オジーサンワ　ヤマエ　シバヲ　カリニ　オバーサンワ　カワエ　センダクニ　ユカハッタンエ。③オバーサンガ　カワデ　センダク　シテハッタラ　カワノ　アッチノ　ホーカラ　オーキナ　モモガ　ドンブリコー　ドンブリコト　ナガレテキタンエ。④オバーサンガ　ソノ　モモヲ　ヒローテ　オウチエ　モッテカエラハッタン。⑤オバーサンガ　ソノ　モモヲ　キロートシハッタラ　モモガ　フターツニ　ワレテ　ナカラ　オーキナ　オトコノコガ　ウマレタンヤ。⑥オジーサント　オバーサンワ　ソノ　コーニ　モモタローチュー　ナーヲ　ツケハッタンエ。

［島根県松江市］①トントン　ムカスガ　アッタゲナ。アートコニ　オズズト　オババガ　オッタゲナ。②オズズワ　ヤメー　シバカーニ　オババワ　カウェー　シェンタクニ　イキタゲナ。③オババガ　シェンタクヲ　シチョート　カワカラ　オッキナ　モモガ　ドンブラコー　ドンブラコト　ナガレテキタゲナ。④オババワ　ソノ　モモヲ　フロッテ　イエー　モドッタゲナ。⑤オババガ　モモヲ　キラトスルト　モモガ　フタツニ　ワレテ　ナカカラ　オッキナ　オトコンコガ　ウマレタゲナ。⑥オズズト　オババワ　ソノ　コニ　モモタローテッテー　ナメーヲ　ツケタゲナ。

［熊本県熊本市］①ムカーシ　ムカシ　アットコニナ　ジーサント　バーサンノ　オラシタモンナー。②ジーサンナー　ヤマサン　シバカリギャー　イカシタゲニャー　バーサンナー　カワサン　センタク　シギャー　イカシタテタイ。③バーサンノ　センタクヲ　ショラシタトコロガ　カワカンラ　フトーカ　モモヤツガ　ドンブリコー　ドンブリコーッテ　ナガレテキタモンダケン　④バーサンナ　ソン　モモバ　ヒローチ　イエサン　モッテカエラシタモンナー。⑤バーサンガ　ソン　モモバ　ウッチキローテテサスト　ソン　モモヤツガ　フタチニ　キャーワレチ　ナカカル　モー　マンマルシタ　フトカ　オトコノコヤツガ　ウマレテキタモンナー。⑥ジーサント　バーサンナ　ソン　オトコンコニ　モモタローチュー　ナマエバ　ツケラシタテタイ。

第3章　コミュニケーションから見えることばの地域差

第5課　待遇表現の地域差

1　敬語表現の地域差

　前課で見た共通語の「桃太郎」は、「むかしむかしあるところに、おじいさんとおばあさんがありました」の一文で始まります。「ありました」の部分を見てみると、聞き手に対する敬意を表す丁寧語は使われていますが、話題の人物であるおじいさん、おばあさんへの敬意を表す尊敬語は使われていません。それでは、各地の方言で語られた「桃太郎」はどうでしょうか。

　表1は、「方言で語る各地の桃太郎」（佐藤監修2007）の冒頭文の述語部分の敬語（尊敬語・丁寧語）の有無を一覧にしたものです。昔話の登場人物であるおじいさん、おばあさんに対して尊敬語を用いる地域が、中部地方から西側の地域に見られます。

　敬語の地域差については、「西高東低」ということが言われます（加藤1973）。西日本方言では、複数の敬語形式を段階的に使い分ける方言が多く、敬語の使用頻度も高いのに対し、東日本方言では、敬語形式の種類が少なく、敬語の使用頻度も高くありません。

　さらに、図1に示したように、敬語の運用法にも地域差があります。共通語では、よその人に身内の話をする場合には、たとえその身内が祖父母や両親のように自分にとって目上の人であっても、敬語を使って待遇しないのが適切だとされます。こうした敬語の運用法を相対敬語と言いますが、図1の「他者尊敬表現方言域」はそうした敬語の運用法をもつ地域です。一方、方言の中には、よその人と話をする場合であっても、目上の身内に対して敬語を使うものがあります。「身内尊敬表現を持つ方言域」がそれに該当します。昔話の登場人物であるおじいさん、おばあさんに尊敬語を用いる方言は、ほぼ「身内尊敬表現を持つ方言域」に含まれていることがわかります。

待遇表現の地域差 | 第5課

表1 「方言で語る各地の桃太郎」冒頭文の述語部分の敬語の有無

	地域	冒頭文の述語部分	尊敬語	丁寧語
01	北海道函館市	イダンデスト		○
02	青森県五所川原市	アッテイダド		
03	岩手県花巻市	イダッタド		
04	宮城県気仙沼市	アッタドッサ		
05	秋田県横手市	イダッタド		
06	山形県東田川郡三川町	イッダッケドヤー		
07	福島県大沼郡会津美里町	イダッダド		
08	茨城県水戸市	スンデイタンダド		
09	栃木県さくら市	イタンダド		
10	群馬県吾妻郡中之条町	アッツァダッチューヨ		
11	埼玉県秩父市	アッタトサ		
12	千葉県市原市	イタダ		
13	東京都港区	アリマシタ		○
14	神奈川県秦野市	イマシタ		○
15	新潟県三条市	イラッタッテヤ	○	
16	富山県南砺市	イヤッタトヨ	○	
17	石川県金沢市	アリマシタ		○
18	福井県越前市	イタンニャト		
19	山梨県南アルプス市	イテナ		
20	長野県松本市	イタッテサ		
21	岐阜県不破郡垂井町	ゴザッタ	○	
22	静岡県静岡市	イテ		
23	愛知県名古屋市	ゴザッテ	○	
24	三重県尾鷲市	オッタトユーワイ		
25	滋賀県大津市	イテハッタンヤテ	○	
26	京都府京都市	イヤハッタンエ	○	
27	大阪府大阪市	オッテント		
28	兵庫県姫路市	オッタンヤト		
29	奈良県吉野郡十津川村	オッタンヤト		
30	和歌山県和歌山市	イタンヤ		
31	鳥取県米子市	オーナッタゲナ	○	
32	島根県松江市	オッタゲナ		
33	岡山県岡山市	アリマシタ		○
34	広島県広島市	オッタンジャゲナ		
35	山口県山口市	オッタトイノ		
36	徳島県阿南市	アッタンヤト		
37	香川県高松市	オッタンヤ		
38	愛媛県西予市	アッチノ		
39	高知県四万十市	オッタッツワヨ		
40	福岡県福岡市中央区	オンシャッタゲナ	○	
41	佐賀県佐賀市	オンサッタ	○	
42	長崎県長崎市	オッタトゲナ		
43	熊本県熊本市	オラシタモンナー	○	
44	大分県大分市	オッタント		
45	宮崎県都城市	オイヤッタゲナ	○	
46	鹿児島県鹿児島市	オイヤッタチワイ	○	
47	沖縄県那覇市	メンシェービータン	○	○

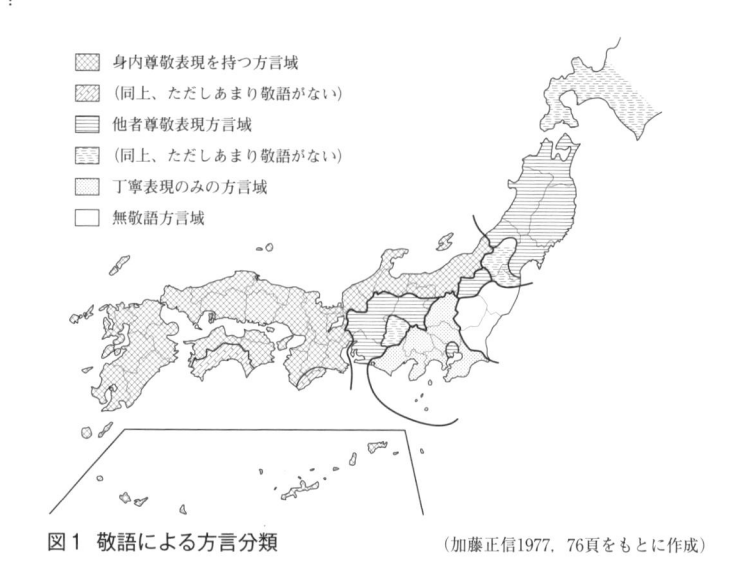

図1 敬語による方言分類　　　　　　　　（加藤正信1977, 76頁をもとに作成）

凡例:
- 身内尊敬表現を持つ方言域
- （同上、ただしあまり敬語がない）
- 他者尊敬表現方言域
- （同上、ただしあまり敬語がない）
- 丁寧表現のみの方言域
- 無敬語方言域

2 卑罵表現の地域差

　一方で、敬語が発達している西日本方言では、すべてが「丁寧」に表現されるのかというと、そうではありません。西日本方言では、「上向き待遇」の表現である敬語だけでなく、「下向き待遇」の表現のバリエーションも多様です。「する」の意味のサラス、「言う」の意味のヌカス、シクサル・シテケツカルなどの補助動詞類に見られる卑罵表現（さげすみ表現）は、いずれも西日本方言で多く用いられます。また、近畿中央部方言では、本来は進行態のアスペクトを表すショルが卑罵表現となっており（井上文子1998）、「下向き待遇」表現のバリエーションをさらに豊富にしています（アスペクト表現については2章4課参照）。

　表2は、「いいかげんにしろ、殴るぞ」という罵倒の文を各地の方言に訳したものです。「しろ」の部分を見ると、「しやがる」（埼玉）以外は、「さらす」（京都・大阪・兵庫・和歌山）、「しさがる」（島根）、「しくさる」（和歌山・香川）のように、西日本方言に多様な卑罵表現が現れています。西日本方言では、「上」から「下」まで、多様な待遇表現が分化しており、それを場面や相手に応じて細かく使い分けているのです。

表2 「いいかげんにしろ、殴るぞ」の方言訳

(真田・友定編2011)

01	北海道	いーかげんに　やめれ。ぶなぐるぞー。
02	青森県	いーかげんにせ、やってまるや。
03	岩手県	えくれにしゃ、こりゃっ。やっつけるじぇ。
04	宮城県	やんべにすれよ　この。やっつけっつぉ。
05	秋田県	えーかげんにしぇ。ぶたらぐど。
06	山形県	いーかげんにすろ　ほれ。ひぱだいでけっからな。
07	福島県	いーかげんに　しろで、この。ぶっちめっつぉ。
08	茨城県	いーあんばいにしろ、このー。ぶんなぐっと。
09	栃木県	いーかげんに　しろ。やっちまうぞ。
10	群馬県	いーかげんにしろっ　こらっ。たたんじまうぞっ。
11	埼玉県	いーかげんにしやがれ、この野郎。ぶん殴るぞ／ぶっぱたくぞ。
12	千葉県	いーかげんにしろよー。この野郎、かっぱじくどー／きたんきたんにすっとー／こてんぱんにすっからなー／半ごろしにすっとー／馬乗ってだだぐりげえすどー。
13	東京都	いーかげんにしろ、この野郎。ぶっとばすぞ／ひっぱたくぞ／ひでー目にあわすぞ。
14	神奈川県	いーかげんにしろよ、ぶん殴るぞ。
15	新潟県	こてげにしれいや。ぶっころすれ。
16	富山県	よいかげんにせーま　こら、かちころすぞ。
17	石川県	いーかげんに　せーま　こら。やってまうぞ。
18	福井県	いーかげんにせー　こら。かちころすぞ。
19	山梨県	えーかげんにしろ　おい、ぶさらうぞ。
20	長野県	えーかげんにしろ　おい、ぶったくぞ。
21	岐阜県	えーかげんにしない。
22	静岡県	いーかげんにしろよ　やい。ぶち殴るぞ。
23	愛知県	えーかげんにしとけ　どたーけ。ぎゃふんとこかせるぞ。
24	三重県	えーかげんに　せー。こら。びしゃいたろか。
25	滋賀県	えーかげんにせーよ　こら。きゅーきゅー言わすぞ。
26	京都府	えーかげんにさらせ　こら。いわすぞ。
27	大阪府	えーかげんにさらせ　こら。いてまうど。
28	兵庫県	えーかげんに　さらさんかぇ、こら、いてまうどー。
29	奈良県	えーかげんにせんかい　いたまうぞ。
30	和歌山県	えーかげんにさらせ／えーかげんにしくされ　こら。いてまうど／いてこますど。
31	鳥取県	えかげんに　せーや　こら、やったんぞー。
32	島根県	えーかげんにしさがれ、こらっ、くらかすぞー。
33	岡山県	えーかげんに　せー。おどりゃー　いてまうでー。
34	広島県	えーかげんに　せー。おどりゃー　しごーするぞ。
35	山口県	えーかげんに　せーよ　こら、やっちゃるけー。
36	徳島県	えーかげんに　せー。おどれくそ　どしばくぞ。
37	香川県	えーかげんに　しくされ、ぶちのっそー。
38	愛媛県	えーかげんにせー　こら。いてまうぞ。
39	高知県	たいがいに　せんか　こりゃ。怒（おご）るぞ。
40	福岡県	たいがいにしとけよ、この。くらさるーぞ。
41	佐賀県	ちゃーがぶんにせろ　こりゃ。くらさるっぞ。
42	長崎県	わーが　よかことばかい　言（ゆ）ーな、こら。うちころっそー。
43	熊本県	たいぎゃにしとかんか　こら。うちころすぞ、ぬしゃ。
44	大分県	いーかげんにせんか　こら。はちぐりかやすぞ(南部)／こずくどー(中部)。
45	宮崎県	いーかげんにせんか　こら　たたかるっぞ(北部)／たたかるっど(中南部)。
46	鹿児島	てげせんか、こら。うったくっぞー。
47	沖縄県	いちくゎれー、やなわらばー。(那覇)

第4章 社会の変化から見えることばの地域差

第1課 共通語化・標準語化

1 共通語化・標準語化の全国的な傾向

　社会の変化とともに地域のことばも大きく変化しました。最も大きな変化は、方言の共通語化です。共通語化はどのように進んだのでしょうか。最初に全国的な傾向を見てみましょう。

　図1は、『日本言語地図』(LAJ) 82項目の標準語形の使用率を県別に出したものです（共通語と標準語は、共通語が「方言を異にする人たちの間でコミュニケーションを図るための言語」、標準語が「一国の規範となる言語」という違いがあります。しかし、両者が同じような意味で使われることもあります。ここでは出典の用語にしたがって、「標準語」の方を使います）。当然のことながら、東京が最も標準語形使用率が高く、約60％です。そして、東京から離れるに従って標準語形使用率が下がり、青森県や宮崎県は21.2〜22.1％、鹿児島県は16.1％、沖縄県は3.3％となっています。

　図1の色の濃淡を山の高さで表したのが図2です。図2の横軸は東京からの鉄道の距離を、縦軸は各県の標準語形使用率を表しています。図2を見ると、標準語形使用率の線が東京でピークとなり、東京から離れるにつれてだんだんと下がっているのがよくわかります。また、京都にも小さなピークができています。LAJの調査が行われたのは1957〜1964年ですが、この時期には東京や京都からの距離によって、標準語化の程度にこのような地域差があったのです。

　ところが最近、中学生に同じ項目を調査したところ、図3のように東京や京都からの距離に関係なく、どこでも標準語形使用率が80％を超えるという結果が出ました。学校教育やマスコミの影響で標準語が空から降ってくるように全国に伝わるようになったためだと思われます。伝播経路の変化に伴い、各地の標準語化の状況も大きく変化したわけです。

共通語化・標準語化　第1課

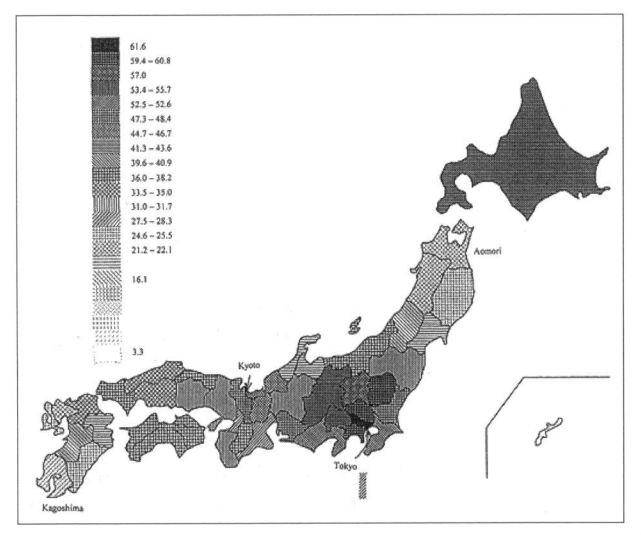

図1　標準語形82項目の県別平均値　　　（井上史雄2007，143頁）
　　　　　　　　　　　　　　　　　　　（河西データ総合地図、鑓水兼貴）

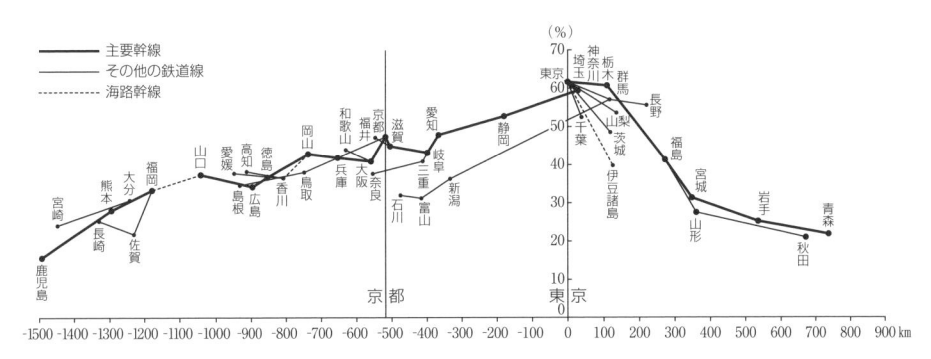

図2　東京中心の鉄道距離と標準語形使用率（北海道・沖縄を除く）　（同上，128頁・129頁）

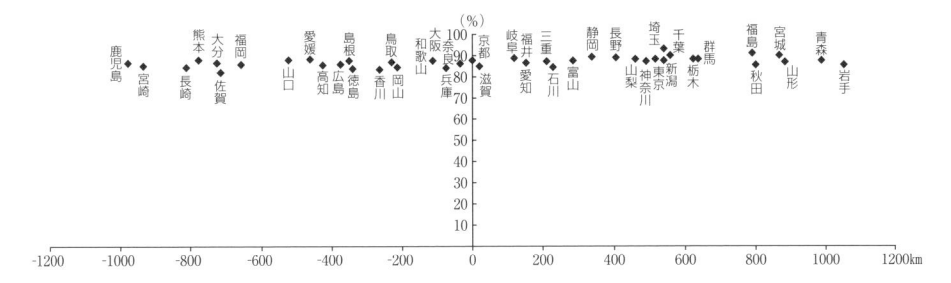

図3　中学生調査・京都からの鉄道距離と標準語形使用率（北海道・沖縄を除く）（同上，133頁）

第4章　社会の変化から見えることばの地域差

2 共通語化の進み方

　次に、1地域における共通語化の進み方を見てみましょう。国立国語研究所では、ほぼ20年おきに山形県鶴岡市における言語実態調査を行なっています。第1回は1950年、第2回は1972年、第3回は1991年に行われました。図4は'50年調査と'72年調査の語中の有声化現象（[nego]（ネコ）、[hada]（旗）のような発音）の共通語化率を示した図です。'50年調査（点線）では、共通語化率は25〜34歳をピークとして凸型の線を描いていますが、'72年調査（実線）では各年齢層とも共通語化が大きく進んでいます。特に15〜19歳の共通語化の進み方が顕著です。

　図5は「ネコ」のアクセントの共通語化率（ネコと発音する率）を示した図です。音韻に比べてアクセントは共通語化が遅れていて、'50年調査（点線）では各年齢層とも共通語化率が20％までいっていません。'72年調査（実線）でも若年層を除き、30％程度です。

　以上は2回の調査の共通語化率の単純比較です。この他に、話者の生年を基準にして実時間で変化を見るコーホート（同一年代出生集団）分析の方法があります。それを示したのが図6です。図の横軸は話者の生年を、縦軸は調査当時の共通語化率を示しています。たとえば、'50年調査のとき、1886年生まれの人は64歳、1906年生まれの人は44歳、1926年生まれの人は24歳です。生年グループごとに当時の音韻31項目とアクセント5項目の共通語化率を出し、線でつないだのが図6の「50」の実線（音韻31項目）と「50」の破線（アクセント5項目）です。

　音韻31項目の3回の調査の線を比較すると、1906年から1926年の間に生まれた人では、「50」の線に比べて「72」の線の傾きが大きくなっています。これは、この20年間に若年層で共通語化が急速に進んだことを表しています。3本の線のつながり方を見ると、S字カーブを描きながら緩やかに上昇しています。実際の変化がこのような速度で進んだことを示しています。

　次に、アクセント5項目の線を見ると、3回の調査の線がまったく重

共通語化・標準語化 | 第1課

ならず、常に前回の調査より高い位置から次の線が始まっています。1926年生まれの人を例にとると、'50年調査（24歳）時点では共通語化率約8ポイント、'72年調査（46歳）時点では約22ポイント、'91年調査（65歳）時点では約35ポイントです。このことは、共通語アクセントの習得が個人の中でも年齢を重ねるにしたがって進んだことを表しています。

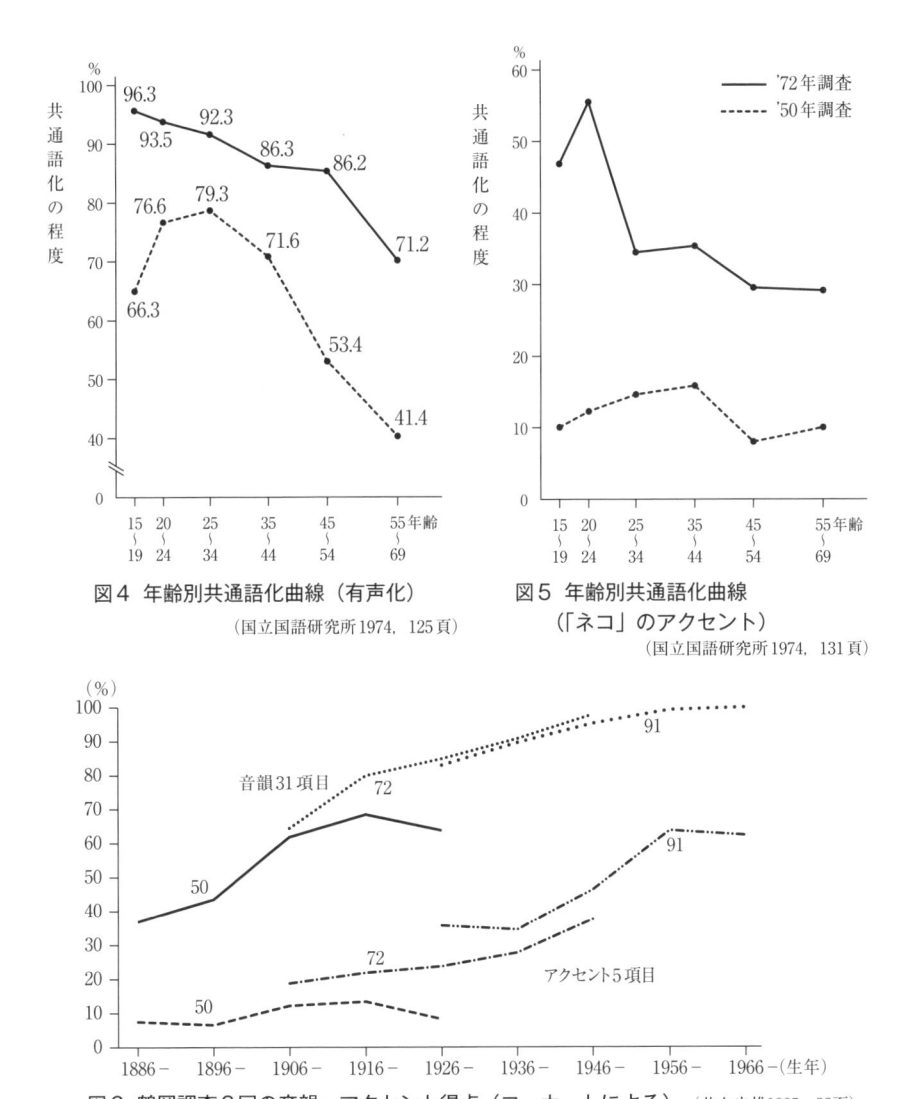

図4 年齢別共通語化曲線（有声化）
（国立国語研究所1974, 125頁）

図5 年齢別共通語化曲線（「ネコ」のアクセント）
（国立国語研究所1974, 131頁）

図6 鶴岡調査3回の音韻・アクセント得点（コーホートによる）　（井上史雄1995, 88頁）

第2課 方言と共通語の使い分け

１ 場面による使い分け意識

　共通語化が進むと、方言はなくなってしまうのでしょうか。確かに時代の変化の中で、人々が共通語を使う力は高まり、実際に共通語を話す機会も増えました。一方で、ふだん家族や親しい友人とくつろいで話すときには、まだまだ方言が中心、という人も少なくないでしょう。方言は現在、話をする相手や場面によって、共通語と使い分けられる存在になっています。

　それでは、方言と共通語はどのように使い分けられているのでしょうか。図１は、全国14地点の人々2,800人を対象に、1994年から1995年にかけて行われた意識調査の結果です。「<u>方言を話す</u>知人と<u>地元</u>の道端で話すとき」「<u>方言を話す</u>知人と<u>東京</u>の電車の中で話すとき」「<u>共通語を話す</u>見知らぬ人と<u>地元</u>の道端で話すとき」「<u>東京</u>で<u>共通語を話す</u>見知らぬ人に道を尋ねるとき」という４つの場面について、「方言を話す（家にいるときと同じ方言で話す＋家にいるときよりは多少丁寧な方言で話す）」と回答した人の比率を示しています。全国すべての地点で、上記の順に、「方言を話す」とした人が減少しています。全国どの地域においても使い分けが行われていること、その基準としては、「話をする場所（地元か東京か）」よりも「相手の話すことば（方言か共通語か）」が重視されていることがわかります。「関西人はどこへ行っても関西弁」と言われますが、京都も、使い分けの基準自体は他の方言と同一です。

　図２は、1983年から1984年にかけて、関西の大阪府豊中市と京都府宮津市で、方言と共通語の使い分けの意識を、より詳しい８つの場面について尋ねたものです。「相手の話すことば」が使い分けの上で最も重視されていることが確認されるとともに、その中でさらに、「相手との親疎」「場の改まりの度合い」が、使い分けに影響を与えていることがわかります。

方言と共通語の使い分け 第2課

　使い分けは、個々のことばの要素にはどのように現れるのでしょうか。図3、図4は、1992年に行われた山形県鶴岡市での調査結果です。値段を尋ねる「いくら」にあたる方言語形「ナンボ」、「柿」を「カギ」と発音する方言音声ともに、場面に応じた出現傾向の違いが見られます。共通語化の流れの中で、使い分けは、語彙、文法、音声、アクセントということばの全要素に及んでいます。

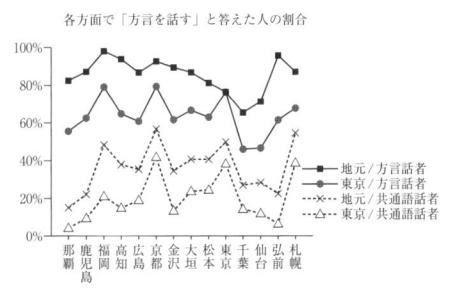

図1　方言と共通語の使い分け意識
〔全国14地点1994-1995〕（半沢2003, 208頁）

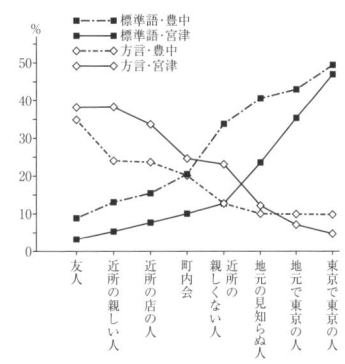

図2　方言と共通語の使い分け意識
〔大阪府豊中市・京都府宮津市
1983-1984〕（杉戸1992, 36頁）

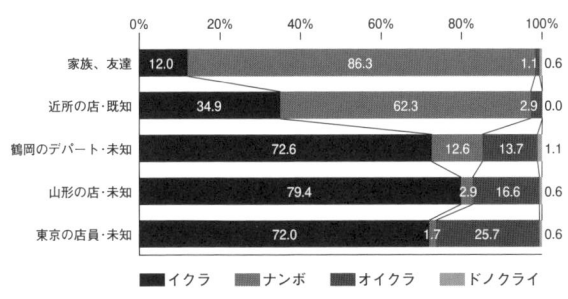

図3　「いくら」にあたる表現形
〔山形県鶴岡市1992〕
（国立国語研究所2006, 126頁）

図4　「柿」の「き」の発音
〔山形県鶴岡市1992〕
（国立国語研究所2006, 30頁を
もとに作成）

第4章　社会の変化から見えることばの地域差

2　談話に現れる使い分けの実相

　ここまでは、「これこれの場面ではこのようなことば（方言／共通語）を使うと思う」という、話し手の言語意識の面から、共通語と方言の使い分けについて見てきました。それでは、実際の談話では、相手や状況の違いによって、方言と共通語はどのように話されているのでしょうか。

　次のページに挙げるのは、青森県津軽地方の談話の例です。高年層と若年層の人が、それぞれ同世代の家族や友人とくつろいで話している「カジュアル場面」(1)(3)と、方言を使わない初対面の調査者と話している「フォーマル場面」(2)(4)を挙げました。

　カジュアル場面では、高年層・若年層ともに特徴的な方言形が多く使われています。「こご」「遊びど」「まだ」「わげ」「行がにゃー」「だげ」のような有声化、「(だ)はんで〈から〉」、「(だ)ばって〈けれども〉」のような接続助詞・接続詞、否定形式の「ね(ー)」、格助詞・提題助詞の「ごと〈を〉」、「だば〈は〉」、人称詞の「おら〈自称〉」「わ〈自称〉」、「おめ〈対称〉」などです。一方フォーマル場面は、「です」を使った丁寧体の話し方であると同時に、方言特有形式がぐっと少なくなっています。代わって対応する共通語形式である、「から」「ので」「けど」「ない」「は」「自分」などが使われています。このことは、意識の上での使い分けと一致していると言えます。

　ただしよく見ると、高年層は「フォーマル場面」でも有声化した発音「それがら」「わげ」や方言格助詞「さ」を使用しており、若年層は「カジュアル場面」でも「けど」という共通語形を用いています。このことは、世代によって共通語化の度合いが違うことを示すとともに、言語項目によって、使い分けられ方に違いのあることをうかがわせます。

　現代では、改まった場面を中心に共通語が普及した結果、それとの関係で、方言は「仲間内で肩肘はらずにくつろいで話す」場合のことばという色合いを強く帯びるようになっています。方言を話すことにより親近感が生まれる、方言一般が「親しみやすい」「温かみのある」ことば

方言と共通語の使い分け　第2課

として受け止められる、といったことも、このような方言の現代的な機能の現れとして考えることができます。

青森県津軽方言話者の談話〔2000年収録〕

□＝方言特有形式（本文で挙げたもの）
＿＝共通語形式（本文で挙げたもの）

高A：60歳代男性。〈高B〉の夫。
高B：60歳代女性。〈高A〉の妻。
若A：20歳代男性。〈若B〉と友人。
若B：20歳代男性。〈若A〉と友人。
調査者：20歳代。初対面の調査者。

(1) 60歳代夫婦の会話（高年層・カジュアル場面）「子どものころの遊び」
高A：じっちゃはー　こごで　育ってー　【だんで】［だから］　【おら】達の　遊び【ど】　ま【だ】　違うねな。
高B：違うな。《略》
高A：野球、やったね。
高B：んー、ちせー　時。
高A：ベースって　すんだな［言うんだな］？
高B：あの　こう　石　置いでよー、こうやって　取ったんだよ、あの　ボール　【ご】【と】［を］。　じちゃど［おじいさんの所］　【だば】［は］　どんだが［どうか］さ　わがら【ねばって】［わからないけれども］。
高A：そしたんず［そういうの］、やったな。

(2) 60歳代男性と初対面の調査者の会話（高年層・フォーマル場面）「農作業」
高A：年_から_、もう　引退って　言えば　いいのがな。手伝ってはいる_けど_。《略》
調査者：十月ぐらいに　もうできるんですか？
高A：んーと、リンゴ【さ】、リンゴの　作業に　かかる_から_ー、大体　あの　ばらばらで_す_。あの作業は。田んぼの　作業は。
調査者：あ、そうなんですか。リンゴの　作業って　いうのは、どうゆうふうに、なさるんですか。
高A：リンゴの　作業_は_、あの　袋　かけるのも、ある。袋　かけって　いうのは、袋　かけて、それ【が】ら、袋　はいで、着色するわ【け】です。

(3) 20歳代男性友人同士の会話（若年層・カジュアル場面）「最近の仕事」
若A：【おめ】も　忙しいんず［忙しいのか］。
若B：まーな。【だばって】［けれども］、別に　残業って　あるわけで【ねー】し。部活は　行【が】にゃーまい［行かなければならない］けど。部活ったって、ただ　見ぢゅーだ【け】だはんで［見ているだけだから］な。
若A：あ、んだの。
若B：見ぢゅーだげっつーが、あんまし　手出す　わ【け】にも　いが【ねー】はんでよ。【わ】［私］顧問でも　【ねー】し。
若A：あー、そっか。

(4) 20歳代男性と初対面の調査者の会話（若年層・フォーマル場面）「高校時代の部活」
調査者：ポジションは　どちらなんですか。
若A：ファースト_です_。
調査者：はー。じゃー、いろいろと大会とかも。
若A：_ですねー_。高校一年の　時_は_　甲子園に　行ったんですけどー。あの、_自分は_　出てないですけど。応援で　行ったんで_すけど_。
調査者：あー。じゃー、あの　辺りを　いろいろと　ご存じ。
若A：いや　応援で　行った_ので_　別に　遊びに　行ったような　ものなん_ですけど_。
調査者：あっ、そうですよね。

（阿部・坂口2002, 28頁・30頁～32頁）

※引用にあたって、句読点を加え、分かち書きを変更し、あいづち、言いよどみを削除するなど、一部変更を加えている。

第4章　社会の変化から見えることばの地域差

第3課　伝統方言の現在

1　衰退が速い語(表現)、遅い語(表現)

　2009年2月、ユネスコは消滅の危機にある言語、約2500語のリストを発表しました。日本ではアイヌ語、与那国語、八重山語、宮古語、沖縄語、国頭語、奄美語、八丈語の8つの言語（方言）がこのリストに入っています。しかし、消滅の危機にあるという意味では、この8つに限らず、全国の方言のほとんどが危機に瀕しています。関西方言も例外ではありません。

　図1は、大阪市で「今日は雨やさかいに（今日は雨だから）」の「さかい」の使用について調査した結果です。「さかい」は大阪ことばの中でも最も代表的な語で、江戸時代の式亭三馬の『浮世風呂』（文化6～9年）にも、上方のことばとして出てきます。しかし、図1を見ると、現代では20代の人で「さかい」を使用する人が8.9％しかいないという結果が出ています。「さかい」の衰退は、相当進んでいるようです。

　衰退の速度は、語によって違いがあります。図2は「けったい」の使用状況ですが、20代でもまだ半分の人が使用しています。

　図3は、茨城県常総市の高校生が伝統的な水海道方言をどれだけ使っているか、また、知っているかを調べた結果です。動詞形態法の「（雨が）降っぺ、降るべ」（推量）は、4分の1くらいの高校生が自分でも使用し、知識率（知識として知っている割合）も高くなっていますが、格助詞の「おめえげ」（お前に）、「おとっつぁらがにゃ」（おとうさんには）などは、使用率も知識率も低くなっています。

　なぜ、語により衰退の速度が違うのでしょうか。さまざまな要因が考えられますが、一般的にいって、文末に現れる表現や形容詞、程度が大きいことを表す副詞（「とても」に当たる語）などは方言形が残りやすいという傾向があるようです。大阪方言の「けったいな」は形容詞、水海道方言の「～っぺ、～べ」は文末に現れる表現です。これらは、共通

伝統方言の現在 | 第3課

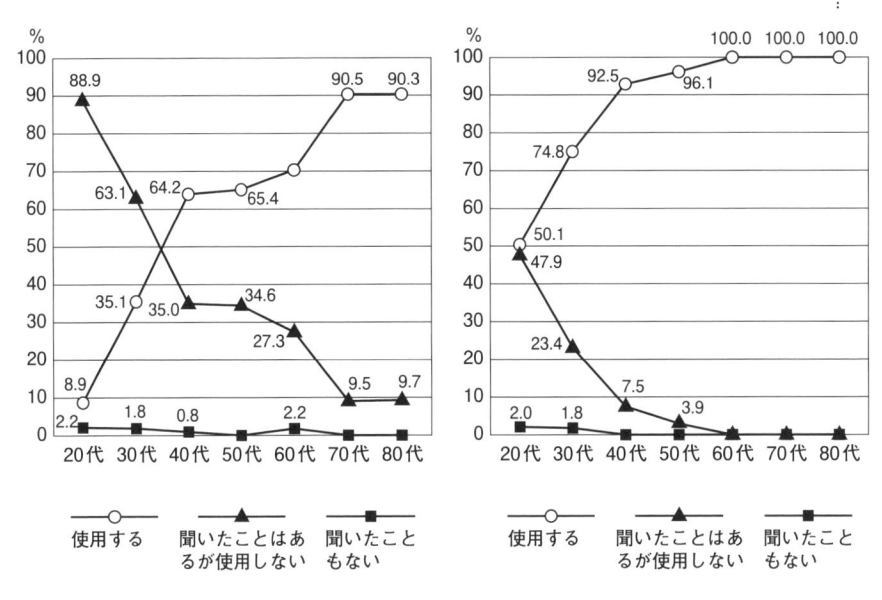

図1 大阪市の「さかい」の使用
（真田2001, 19頁）

図2 大阪市の「けったい」の使用
（真田2001, 23頁）

伝統方言の動詞形態法を自分でも使う／知っている割合

伝統方言の形式	使用（％）	知識（％）
褒（ほ）めらせる	7.8	25.4
上（あ）げらせる	8.7	35.9
来（き）ない	8.3	51.8
（雨が）降っぺ	25.9	85.2
（雨が）降んべ	10.1	69.7
（雨が）降るべ	25.1	85.1
（雨が）降らめえ	13.8	73.0
（雨が）降るめえ	2.5	37.2
平　均	12.8	57.9

伝統方言の格助詞を自分でも使う／知っている割合

伝統方言の形式	使用（％）	知識（％）
爺（ぢい）こと　起すべか	9.5	50.8
銭はみんな、おめえげ　やっておくべ	1.6	31.6
おとっつぁらがにゃ　分かるもんかよ、そんなこと	0.9	28.2
鬼怒川さ　行くつもりになったんでがすね	12.9	77.9
そんぢや爺（ぢい）が　砂糖でも嘗めろ	6.6	37.9
此の側（そば）な　小屋	4.4	26.4
平　均	6.0	42.7

図3　常総市の水海道方言の使用
（佐々木2011, 128頁）

語に置き換えにくいような意味を表すために方言形が残りやすいのではないかと考えられます。また、話し手が方言と気づかないで使っている、いわゆる「気づかない方言」も当然、残っていくでしょう。

地域の事情によっても、どのような語形や表現が残りやすいかが違ってきます。どのような条件のもとでどのような方言形が残りやすいかは、これからの方言研究の課題です。

2 方言に対する意識

伝統的方言が残っていくかどうかは、地域の人の意識にもよります。図4は、「土地のことばが好きか」、「土地のことばを残したいか」、「地方のなまりが恥ずかしいか」を調査した結果をまとめたものです（NHK全国県民意識調査1996）。北海道、東北、長野、京都、大阪、島根、徳島、高知、九州で「好き」、「残したい」の回答率が高くなっています。逆に、「好き」、「残したい」の回答率が低いのが、茨城、栃木、埼玉、千葉といった東京の周辺の地域、および岐阜、滋賀、奈良、和歌山、岡山といった京都、大阪の周辺の地域です。

別の意識調査でも、似たような結果が出ています。図5は方言研究者のグループが1994～1995年にかけて実施した意識調査の結果です（佐藤・米田編1999）。「方言を後世に残したい」に対して肯定的な回答が多いのは、弘前、京都、高知、福岡、鹿児島、那覇で、否定的な回答が多いのは、札幌、千葉、東京、大垣です。札幌では図4と異なる結果が出ています。

これを世代別に集計したのが図6です。伝統的方言が残っていくかどうかの鍵を握っているのは若い世代ですから、若い人の方言意識は重要です。これを見ると、弘前、京都、福岡、那覇では高校生でも「方言を後世に残したい」と思う割合が高く、千葉、東京、大垣では高校生でも低くなっています。この結果をそのまま解釈すると、東京から離れた地域よりも、東京や東京に近い地域の方がむしろ方言の衰退が懸念されるということになります。4章1課で見たように、東京に近いほど共通語の影響を受けやすいということが関係しているのかもしれません。

伝統方言の現在 | 第3課

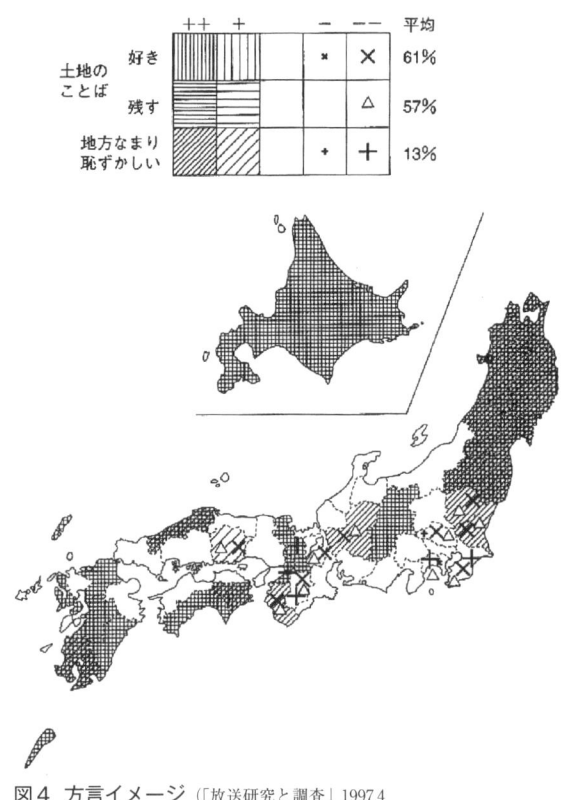

	++	+	−	−−	平均
土地のことば 好き	▥	▥	✳	✕	61%
残す	▤	▤		△	57%
地方なまり恥ずかしい	▨	▨	＋	＋	13%

図4 方言イメージ（「放送研究と調査」1997.4
NHK全国県民意識調査1996）
　　　　　　　　　　　　（井上史雄2007, 29頁）

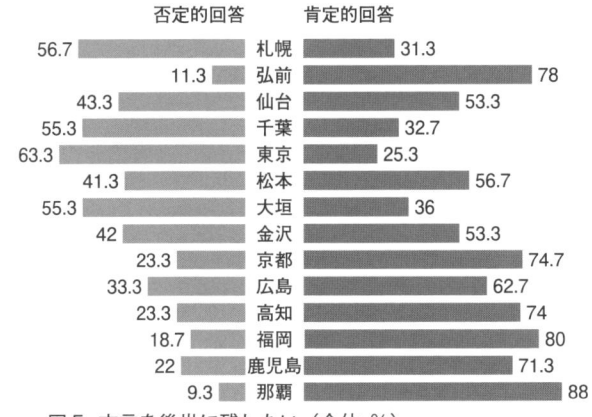

高校生

札幌	32
弘前	64
仙台	36
千葉	18
東京	14
松本	46
大垣	24
金沢	46
京都	60
広島	58
高知	54
福岡	70
鹿児島	50
那覇	74

活躍層

札幌	30
弘前	80
仙台	50
千葉	34
東京	26
松本	66
大垣	42
金沢	62
京都	76
広島	68
高知	80
福岡	90
鹿児島	86
那覇	96

否定的回答　　　　　　　肯定的回答

否定的		肯定的
56.7	札幌	31.3
11.3	弘前	78
43.3	仙台	53.3
55.3	千葉	32.7
63.3	東京	25.3
41.3	松本	56.7
55.3	大垣	36
42	金沢	53.3
23.3	京都	74.7
33.3	広島	62.7
23.3	高知	74
18.7	福岡	80
22	鹿児島	71.3
9.3	那覇	88

図5 方言を後世に残したい（全体 %）
　　　　　　　　　　　（友定1999, 178頁）

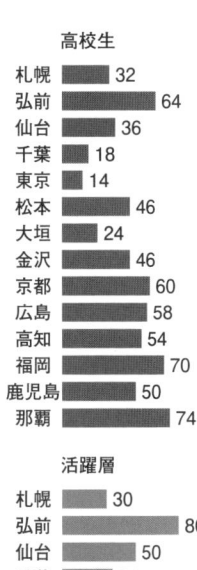

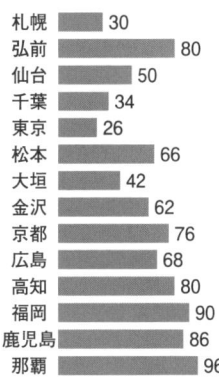

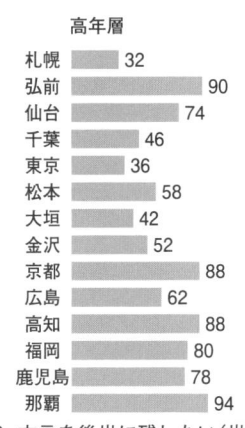

高年層

札幌	32
弘前	90
仙台	74
千葉	46
東京	36
松本	58
大垣	42
金沢	52
京都	88
広島	62
高知	88
福岡	80
鹿児島	78
那覇	94

図6 方言を後世に残したい（世代別%）
　　　　　　　　　　　（加藤和夫1999, 189頁）

第4章　社会の変化から見えることばの地域差

第4課　中間方言の発生

1 ネオ方言

　現在、標準語（共通語）と方言は場面や相手によって使い分けられる機能的な変種となっています（4章2課）。そこで使い分けられるのは、「完全な標準語」と「完全な伝統方言」だけではありません。実際の発話においては、標準語の発話に方言的な要素が混在したり、方言の発話に標準語的な要素が混在するという中間方言が発生しています。そうした標準語と方言の混在した中間方言のうち、方言の発話で用いられるものをネオ方言（真田1993）と呼びます。

　具体例として、会話例1を見てみましょう。間投助詞「さ」、理由の接続助詞「から」、ワ行五段動詞音便形「思って」など、伝統的な大阪方言では用いられない標準語要素が一連の発話の中に混在しています。さらに、「休めんくて」のように一語の中に方言要素（否定辞ン）と標準語要素（否定活用語尾「(な)くて」）が混交する形も現れています。

　こうした一語レベルの混交形の例として、関西方言の「来ない」の方言形の動態を見てみます。図1は京阪神地区における「来ない」の方言形ケーヘン・キーヒン・コーヘンの使用率を示したものです（真田1987）。ケーヘン・キーヒンは、キワセン（来はしない）からキヤヘンを経て生じたもので、大阪市ではケーヘン、京都市ではキーヒンが優勢です。一方、神戸市や大阪・京都の中間地域で優勢なコーヘンは、こうした自然な音声変化から生じた形ではなく、標準語の「来ない」の「こ」と方言の否定辞ヘンを混交させたネオ方言形だと言えます。

　図1の調査は1980年代に行われたもので、回答者は当時の若年層ですが、その後コーヘンは着々と関西の若い世代に浸透しています。図2は、2012年に実施した調査の大阪市出身者の回答ですが、高年層ではケーヘンが優勢を保っているものの、若年層ではコーヘンがケーヘンをしのぐ使用率となっています。

中間方言の発生 | 第4課

会話例1　大阪若年層女性の会話
(「ロールプレイ会話データベース」より・一部省略)

A：ごめん。あのー、さー、明日遊ぶ約束しとったやんかー、やねんけどなー、あのー、ウチ、うっかりしとってー、バイト入れてもうてて さー
B：ほんまかー
A：ほんまごめん、や から さー 、ま、別の日にしてもらおっかなーと 思って 電話してんねんけどー
B：ああ、いいよー、いいよー
A：もー、なんかウチうっかりしとって、ちょっと、バイトーの店長むっちゃ 怖くて 、休めんくてー

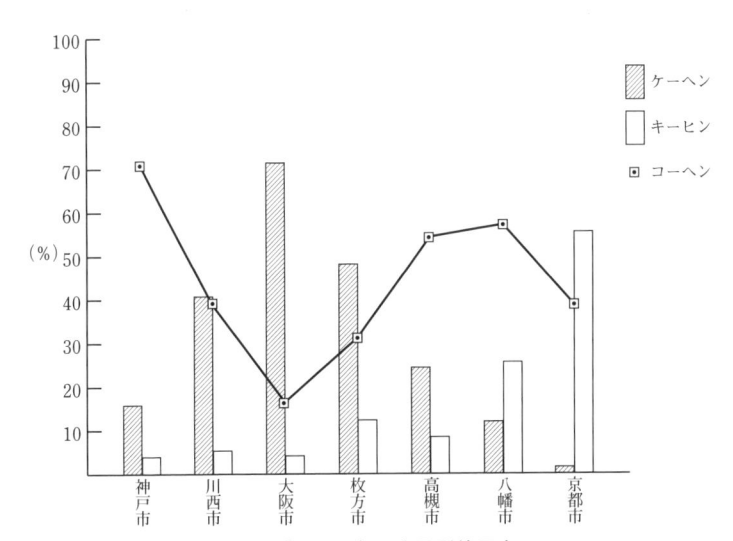

図1　京阪神における「来ない」の方言形使用率　(真田1987、28頁をもとに作成)

凡例：ケーヘン／キーヒン／コーヘン

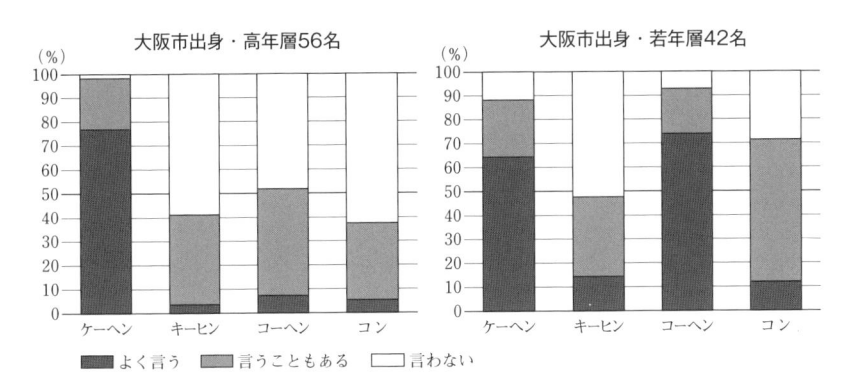

神戸市、川西市、大阪市、枚方市、高槻市、八幡市、京都市

図2　大阪市出身者の「来ない」の方言形使用率　(2012年日高水穂調査)

大阪市出身・高年層56名／大阪市出身・若年層42名

ケーヘン、キーヒン、コーヘン、コン

よく言う／言うこともある／言わない

第4章 社会の変化から見えることばの地域差

2 気づかない方言と疑似標準語

　ネオ方言は標準語の干渉によって伝統方言に変容が生じた新しい方言ですが、標準語と方言の接触によって変容するのは方言の側ばかりではありません。各地域の標準語の発話には、伝統方言の干渉を受けて変容した疑似標準語（真田1993）を含め、方言とは気づかないで用いられる方言（気づかない方言）が混在する場合があります。

　会話例2を見てみましょう。この会話には、秋田の若年層でよく用いられる地域特有の表現が多数現れています。まず、「でない」は「じゃない」、「よりだったら」は「よりは」、「もんね」は標準語の「もんね」のニュアンスとは異なり、「よね」のような意味合いで用います。また、「しったけ」は「死ぬだけ」に由来する強調の副詞で、これらは若い世代で用いられる新しい表現です。一方、「では」の意味の「せば」、「まあ」のような意味合いの「まず」は、世代を超えて頻用されます。

　これらのうち、「もんね」は伝統方言の終助詞「もの（おの・おん）」の用法が標準語形の「もんね」に引き継がれたものですし、「よりだったら」も伝統方言の「よりだば」の「だば」を「だったら」に置き換えた表現であり、いずれも疑似標準語の例と言えます。

　図3は、下線部分の表現について、普段の会話と標準語のそれぞれで言うかどうかを、秋田県出身若年層に調査したものです。「よりだったら」が、普段の会話のみならず標準語でも「言う」とする回答が多数を占めています。「せば」には方言だという意識があるようですが、「せば」を標準語形に置き換えた「そうすれば」については、標準語でも「では」の意味で使用するという回答が半数を占めていることから、この形式も伝統方言の干渉を受けた疑似標準語の例と見ることができます。

　標準語の浸透による地域言語の変容は、伝統方言から標準語に一気に切り替わるというものではなく、標準語と伝統方言の混在した中間方言を生み出し、標準語にも伝統方言にもなかった多様な新しい表現が発生しているのです。

中間方言の発生 | 第4課

会話例2　秋田若年層女性の会話
A：そろそろ帰るー？
B：でも今ちょうど帰宅ラッシュ<u>でない</u>？
A：だね。<u>しったけ</u>混んでそうだね。
B：今帰る<u>よりだったら</u>、もう少し遊んでからにしようよ。
A：ごめん、今日バイトあるんだ<u>もんね</u>。もう帰らないと。
B：そっか。<u>せば</u>、<u>まず</u>ね。
A：うん、<u>せば</u>ね。

(日高2003. 38頁・39頁)

(1) 満員電車に乗るよりだったら、歩いて行った方がましです。
　内円：14.6／5.6／85.4
　外円：94.4

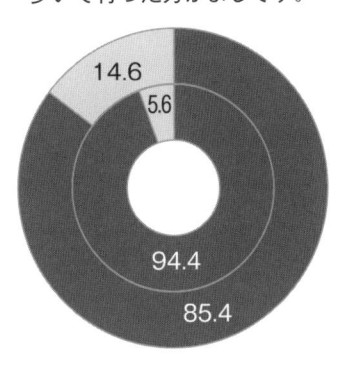

(2) [別れの挨拶で]　せば、また明日ね。
　内円：5.6／27.8／72.2
　外円：94.4

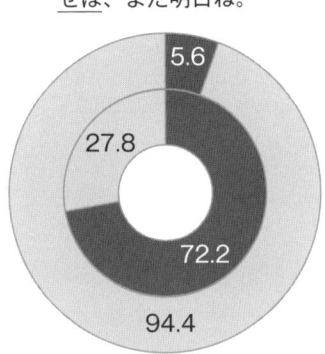

(3) [別れの挨拶で]　そうすれば、また明日ね。
　内円：29.9／50.0／50.0／70.1

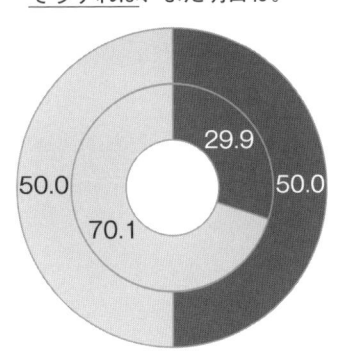

(4) A：明日は昼から開いています。
　　B：そうすれば、1時頃、お伺いします。
　内円：31.2／56.3／43.7／68.8

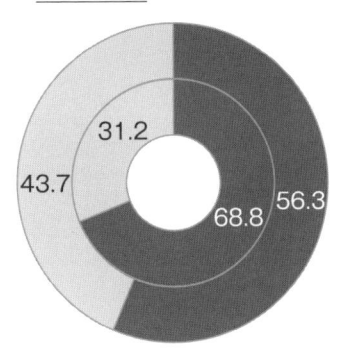

内円：普段の会話で　外円：標準語で　■言う　□言わない

図3　秋田の疑似標準語

（秋田県出身若年層144名・2001〜2002年日高水穂調査）

第5課 新しい方言の発生と広がり

1 新しい方言の発見

　共通語の影響による方言の衰退が進む現在、新たに方言が生まれることはあるのでしょうか。

　図1と図2は、青森県むつ市の上田屋という集落の、1964年と1984年の調査結果を世代別に見たものです。両図から、「くすぐったい」の意味を表す方言として、モチョコイが減少していき、代わりに新しい語形としてモチョカリが若い世代に増えてきていることがわかります。それと並んで、共通語のクスグッタイも現れ始めています。旧来の方言形が衰退する場合、それに代わって共通語形が若い世代に使われるようになることが多いのですが、ここでは、旧来の方言形に代わって、新しい方言形が台頭しています。1984年にはさらにモチョカユイも発生しています。方言の変化と言えば、共通語化一辺倒かと思いがちですが、実際には現代でも、このように新しい方言が生まれる例があります。方言は長い間、新生、交代を続けて現在に至っています。新しい方言の発生は、過去に繰り返されてきた方言の改新を眼前に見るものです。

　新しい方言には、発生の背景から見て、大きく分けて次の三種類があります。

① その地域で独自に生み出されたもの。
② 他地域の方言形を新たに取り入れたもの。
③ 共通語との接触によって生じたもの。（4章4課）

さらに①には、文法やアクセントに関わる変化のように、主として言語体系の中に変化の原因があるものと、強調語（例：メッチャ）や一部のマイナス評価語（例：「あほ・ばか」に当たる語）のように、インパクトのある表現力を求めて作られるものが含まれます。

　なお、新しい方言が生じるのは、方言が活力を持って使われている地域に限りません。一般には共通語中心社会とされる東京にも見られます。

図3の「ウザッタイ」は、元々「ぞっとするような気味の悪さ」を表す東京多摩地域の伝統方言でしたが、23区の若い人たちが普段のことばとして取り入れました（②の例）。その過程で意味と語形が変容し、現在では、「いらだちや不快感を引きおこすさま」を表す東京の俗っぽい若者ことば「ウザイ」として広まっています。

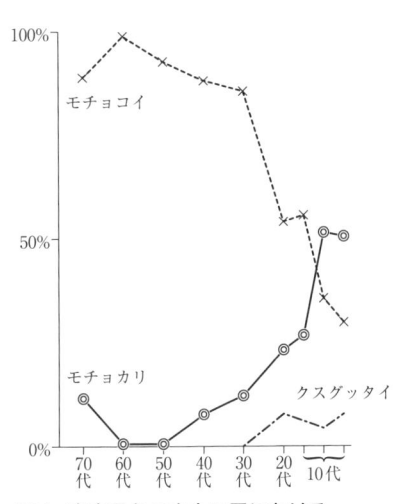

図1 青森県むつ市上田屋における「くすぐったい」の意を表す方言(1)
（1964年調査、生え抜き221名）（井上史雄1989，78頁）

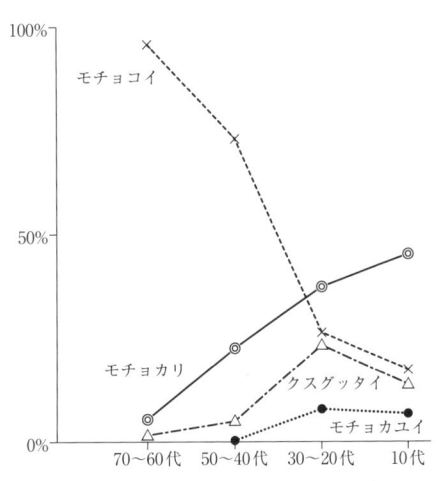

図2 青森県むつ市上田屋における「くすぐったい」の意を表す方言(2)
（1984年調査、生え抜き90名）（井上史雄1989，78頁）

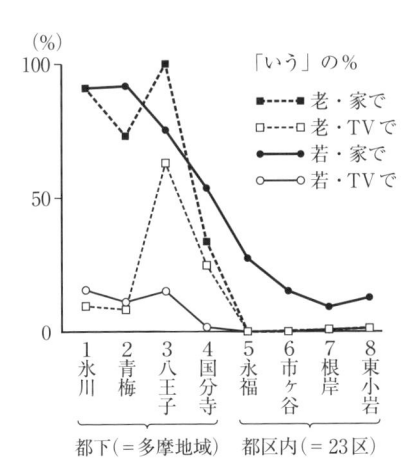

図3 東京における「ウザッタイ」の使用状況
（1983年調査、約900名）（井上史雄1998，88頁）

2 新しい方言の広がるはやさ

　現代の新しい方言の広がり方にはどのような特徴があるのでしょうか。
　かつて、電話のような遠隔地との音声通信手段や、テレビを初めとする音声マスメディアが存在せず、人々の移動も現在のように自由活発に行われていなかった時代には、新しく生まれた方言は、隣接地域の人から人へと、地を這うようにゆっくり伝わっていったと考えられます。この時代、新しい方言の伝わるスピードはどのくらいだったのでしょうか。国立国語研究所編（1966-1974）『日本言語地図』は、このような時代、すなわち、原則として明治末年以前生まれの各地生え抜きの男性の方言を記録した方言地図集です。この地図で、京都・大阪を中心に分布している方言語形について、分布領域の広さと文献資料への初出年を手がかりに、伝播速度を計算した研究があります（徳川1972。同1993に再録）。それによると、平均速度は年に約1kmと算出されています。
　それでは情報の流通が盛んになった現代、伝播はスピードアップしたでしょうか。
　図4は、1997年の調査による兵庫県の加古川線沿線のグロットグラム（1章6課）です。この地域では、まず「ボケ（◇）」ということばが、続いて「ダボ（★）」ということばが、加古川から北へ向かって年齢差を伴いながら広がっていることがわかります。加古川からの距離と話者の年齢から推定するかぎり、どちらのことばも年速1kmかそれ以上の時間をかけて進んでいっているようです。ここにはスピードアップは見られません。
　一方、図5に見るように、「メッチャ」という強調語は、大阪で近年若い人たちが多く使うようになった新しい方言です。しかし図6のとおり、現在既に全国の若い人に使用が広がっています。関西弁（特に若い人の話す関西弁）は、バラエティ番組などで音声マスメディアに乗ることが多く、その影響で、いわば流行語的に取り入れられたものと見られます。「チゲー」「ウザイ」など、東京の俗っぽい新方言が瞬く間に全国

新しい方言の発生と広がり | 第5課

に広がるのも、同様のルートによるものです。

情報化の進んだ現代、東京、大阪という二大都市圏のことばは、急速に広がるルートをもつ一方、それ以外の地域の方言は、依然として face to face の伝播を基本としていると言えるでしょう。

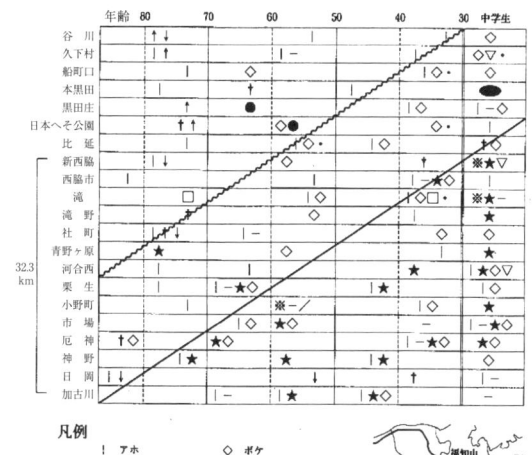

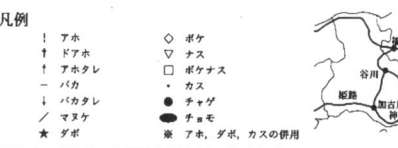

図4 JR加古川線沿線における「あほ・ばか」の意を表す方言
（1997年調査）　（都染2010, 22頁）

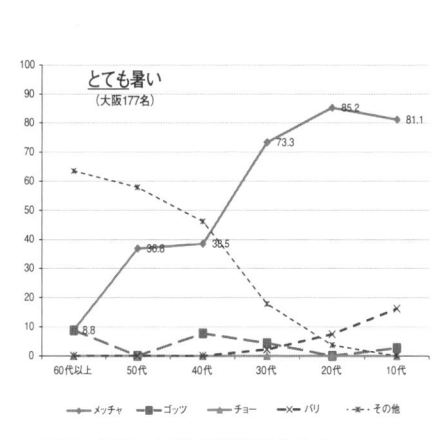

図5 大阪における強調語の方言
（2000年11月調査、大阪市及び近隣市町村のネイティブ177名）
（陣内2003b, 1頁表をもとに作成）

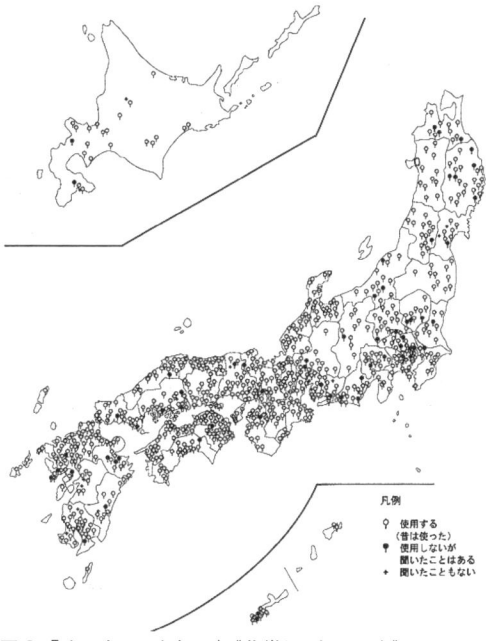

図6 「めっちゃ・めちゃ」《非常に・たいへん》
（2007年度調査、大学生583名）（岸江2011, 398頁）

95

第4章　社会の変化から見えることばの地域差

第6課　近代化によることばの地域差

1　学校方言

みなさんは次のものを何と言いますか。
(1)通学区域　　(2)教室ではく靴　　(3)「を」の呼称

(1)には、「学区」（東日本）、「校区」（西日本）、「校下」（北陸）という用語の地域差があります。(2)については、関東では「上履き」ですが、東北では「内ズック」や「中ズック」と言い、西日本では「上靴」をよく用います。学校教育は全国一律に行われているように思われがちですが、学校も地域の中で一つの社会集団をなしており、集団語としての学校方言（佐藤2012）というものが発生しているわけです。

(3)の「を」の呼称はどうでしょうか。全国的に用いられているのは、「わ行のオ」「わをんのオ」「くっつきのオ」などですが、「重たいオ」（北関東）、「難しい方のオ」（関西）のような広域の地域限定の呼称や、「腰まがりのオ」（青森）、「かぎのオ」（秋田）、「小さいオ」（富山）のような県単位の地域限定の呼称もあります（図1）。

沖縄の小学校では、授業の開始・終了時に「正座」という号令が発せられます。授業の開始時であれば、「正座《はい》これから1時間目の勉強を始めます《始めます》」（《　》内は全員で唱和する部分）のように、「正座」という号令に合わせて、全員が声をそろえて開始のことばを唱和します。このとき子どもたちは、椅子に座っています。号令ことばの「正座」は文字どおり「姿勢を正して座る」ことを指しているのです。この号令ことばの「正座」の使用地域は、図2に示すように、沖縄県内に限定されています。隣接している奄美諸島（鹿児島県）では使用されていません。

こうした県単位の用語の広がりに、学校方言ならではの特徴が現れています。学校教育が都道府県を単位とした教員組織によって行われていることが、こうした地域差を生じさせていると考えられるからです。

近代化によることばの地域差 | 第6課

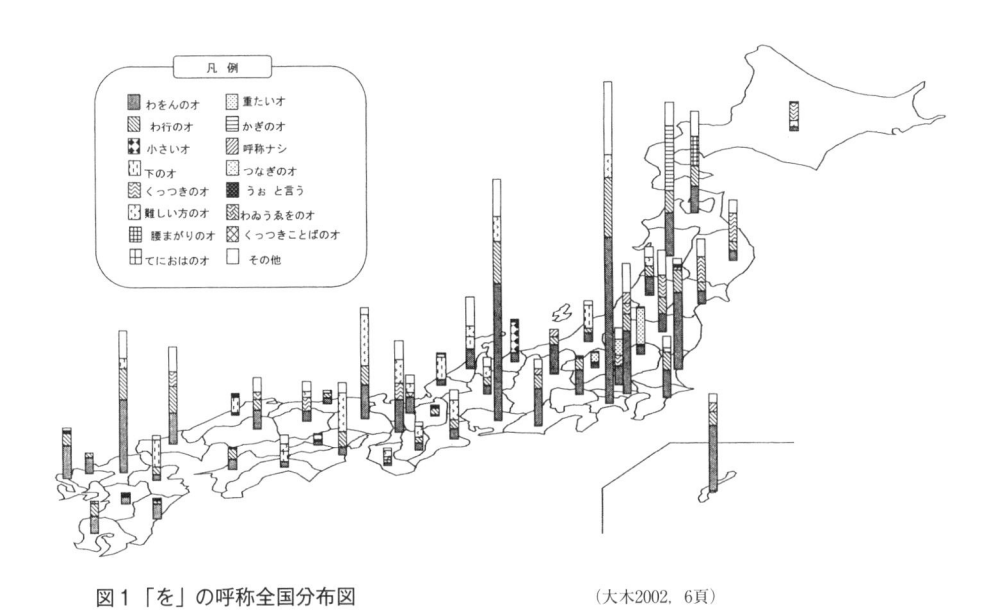

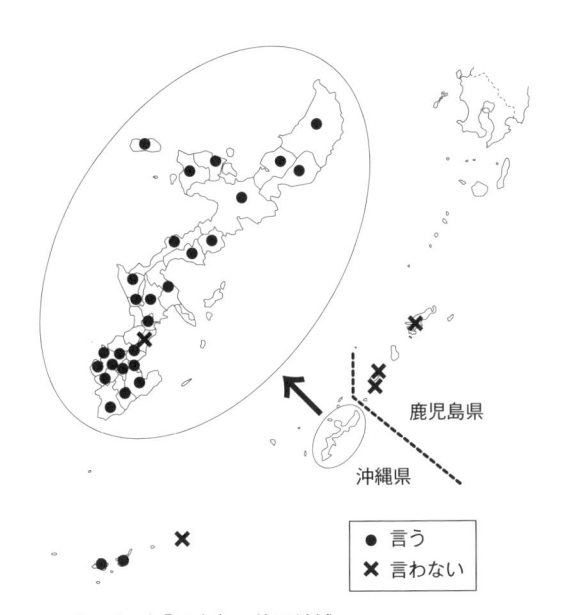

凡例
- わをんのオ
- わ行のオ
- 小さいオ
- 下のオ
- くっつきのオ
- 難しい方のオ
- 腰まがりのオ
- てにおはのオ
- 重たいオ
- かぎのオ
- 呼称ナシ
- つなぎのオ
- うぉ と言う
- わゐうゑをのオ
- くっつきことばのオ
- その他

図1 「を」の呼称全国分布図　　　　　　（大木2002，6頁）

● 言う
✗ 言わない

図2 号令ことば「正座」の使用地域　（安部2008，149頁をもとに作成）

97

第4章　社会の変化から見えることばの地域差

2 新しい事物・制度に関する用語

　学校教育もそうですが、明治以降の近代化にともなって整備された事物や制度に関する用語には、その事物や制度が地域に浸透する経緯によって、地域差を生じているものがあります。

　みなさんは、自動車教習施設の一般名称は、「自動車学校」「自動車教習所」のどちらだと思いますか。この問いに対して、「自動車学校」という回答は東北・九州出身者に多く、「自動車教習所」という回答は関東・近畿出身者に多い傾向があります。

　この施設の設置については、1947年制定の道路交通取締法・道路交通取締令によって「自動車練習所」制度が新設され、さらに1960年制定の道路交通法によって「自動車教習所」制度が発足。ただし、こうした法令上の名称とは別に、古くは「自動車学校」「自動車学院」「自動車講習所」「自動車訓練所」「自動車専修学校」などの多様な施設名称が存在していた時期があり、道交法制定以降に「自動車教習所」と「自動車学校」に収斂していったという経緯があります。その際、関東・近畿のような都市部では、道交法制定時に「○○自動車教習所」という名称の施設が多く設置されたのに対し、1970〜80年代に地方に新設された施設の多くは「○○自動車学校」という名称を採用したようです（図3）。

　施設名に地域差があるのを反映して、その略称にも地域差が生じています（図4）。「自動車教習所」の多い地域では自動車教習所系の略称が見られ、「自動車学校」の多い地域では自動車学校系の略称が見られます。使用地域が広いのは「シャコウ」ですが、一方で、東北には「ジシャガ」「ジシャコウ」「シャガク」など多様な略称が生じています。

　この事例では、関東と近畿の2大都市圏で使用される用語は地方に影響を及ぼしてはいません。2大都市圏に多い「自動車教習所」が、地方では一般的ではないからです。代わりに地方に多い自動車学校系の略称が多様に発生し、一定の地理的分布を生み出しています。このように、近代以降も地方を基盤としたことばの地域差が発生しているのです。

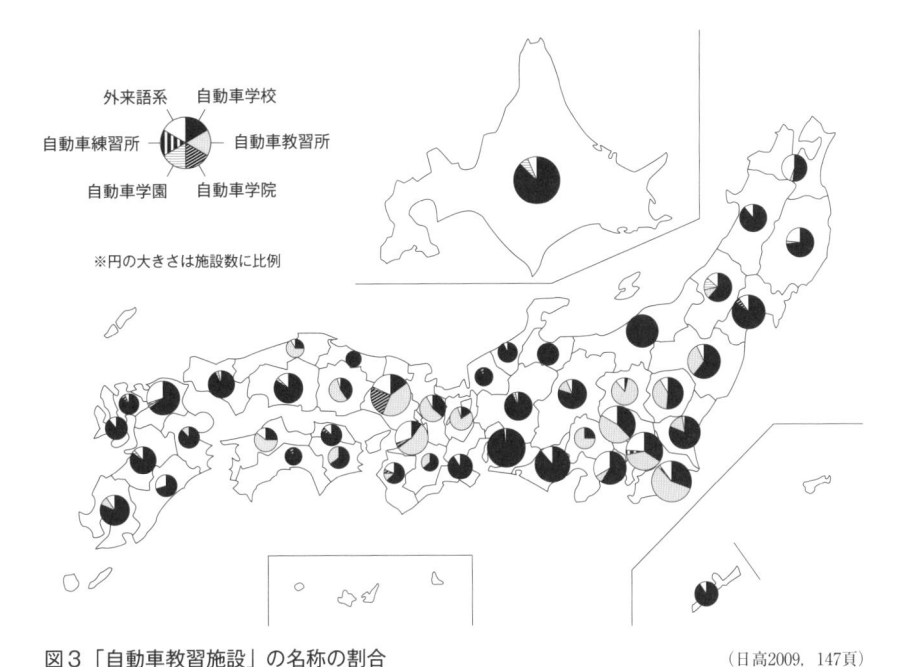

近代化によることばの地域差 | 第6課

凡例:
- 外来語系
- 自動車学校
- 自動車練習所
- 自動車教習所
- 自動車学園
- 自動車学院

※円の大きさは施設数に比例

図3 「自動車教習施設」の名称の割合 　　　　　　　　　　　　　　　（日高2009．147頁）

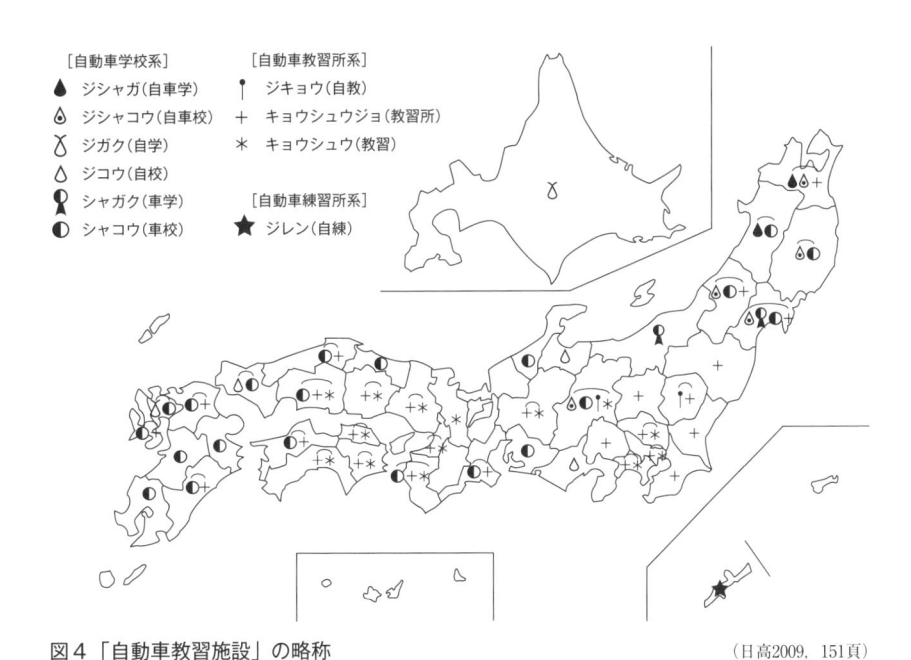

[自動車学校系]
- ● ジシャガ（自車学）
- ◐ ジシャコウ（自車校）
- ◓ ジガク（自学）
- △ ジコウ（自校）
- ◑ シャガク（車学）
- ◐ シャコウ（車校）

[自動車教習所系]
- ↑ ジキョウ（自教）
- ＋ キョウシュウジョ（教習所）
- ＊ キョウシュウ（教習）

[自動車練習所系]
- ★ ジレン（自練）

図4 「自動車教習施設」の略称 　　　　　　　　　　　　　　　　　　（日高2009．151頁）

第5章 「方言」から見える日本の社会

第1課 方言の社会的位置づけの変遷

1 方言に対する受けとめ方

「方言がある」「方言を話す」ということに対して、「誇らしい」「かっこいい」「自慢したい」と感じますか、それとも「恥ずかしい」「かっこわるい」「隠したい」と感じますか？　前者のような感じ方は"方言に社会的価値がある"という意識に支えられたものです。

2000年代に入って観察された「女子高生方言ブーム」（図1）や、方言CMが「楽しい」「おしゃれ」なものとして話題を集めたこと（田中2012a）、方言を地域資源として活用する事例が全国的広がりをもつようになったこと（5章2課）などは、方言に社会的価値を見いだす意識に支えられたものであり、こういった感覚が日本語社会に浸透してきたことを表しています。

しかしここで注意したいのは、方言に社会的価値を見いだす感覚は、日本語社会において以前から共有されてきたものではなかった、という点です。1958年に刊行された柴田武『日本の方言』（岩波書店）の中では、当時の日本語社会に広く存在した方言を「恥ずかしい」と思う気持ちに代表される否定的な感覚を「方言コンプレックス」と名付けています。

この課では、戦後の日本語社会における方言の社会的価値の変遷を、新聞記事や投書などからたどってみましょう。

2 新聞記事・投書に見る方言の社会的価値の変遷

まず、次のような記事から、1960年代には、方言を笑われたことによる「方言殺人事件」があったことがわかります。

● 「少年工員が同僚殺す　集団就職　方言笑われ、不仲」1964年5月13日「毎日新聞」夕刊

> ●「方言をからかわれ、兄の婚約者絞殺 カッとなった予備校生」1965年8月27日「読売新聞」

また、1970年代までは、進学・就職のために上京した青少年の「方言を笑うな」という趣旨の投書が、年度替わりの時期に集中して現れます。方言CMを「地方人侮辱」と受けとめる投書も確認されます。

> ●「東京人よ、方言を笑うな」1957年5月28日「朝日新聞」夕刊家庭面「ひととき」
> ●「集団就職者の方言笑わないで」1968年3月26日「読売新聞」「気流」
> ●「方言を笑わないで」1973年5月14日「東京新聞」「発言」
> ●「方言CMの笑いにひそむ地方人侮辱」1977年6月1日「朝日新聞」「声」

しかし、1980年代になると「方言コンプレックス」にまつわる記事・投書が激減し、方言を地域資源とした企画などがポジティブに取り上げられるようになってきます。方言を堂々としゃべろう、という投書も現れます。

> ●「方言の面白さどんどん生かして」1982年2月14日「毎日新聞」「今江祥智のCMコレクション50」
> ●「郷土自慢、お国なまりで 方言大会で ムラおこしだ 伊奈かっぺいさんも一肌 山形・三川町」1987年8月11日「読売新聞」夕刊5面
> ●「すばらしい方言 堂々しゃべろう」1984年3月6日「北海道新聞」「読者の声」

1990年代になると、「方言」を多様化した社会の象徴として捉えたり、ビジネス場面における「方言」の効能をうたう記事まで登場します。

- 「方言が大手を振ってメディア歩く 多様化社会を反映「いいんでねえの」」1992年5月8日「朝日新聞」夕刊17面「TVスペシャル」
- 「方言のニュアンス活用 注意をするときは大阪弁」(1990年9月14日「読売新聞」9面・経済面「当世魅力的勤人考」8 「きかくをこえるさらりーまん 第3部 人間関係」

　2000年以降の記事・投書からは、「女子高生方言ブーム」に象徴されるような「方言を楽しむ」感覚や、方言に「癒やし」効果を認める記事や投書が現れます。方言CMについての記事からは、その受けとめ方が1970年代とは大きく異なることもわかります（図2）。

- 「方言がなまらはやっとるです 携帯メールで広がる消える 蔑視は昔 各地混合を楽しむ東京風味 視聴率急上昇 アクセサリー？ 表現の宝庫」2005年7月7日「毎日新聞」夕刊2面「特集WORLD」
- 「姉に効いた薬 看護師の方言」2004年4月4日「朝日新聞」18面「声」
- 「「せばだばやってみら」フランス語？ 津軽弁です」2010年11月8日「読売新聞」夕刊12面

3 「方言コンプレックス」から「方言プレステージ」へ

　このように、新聞記事や投書の内容の移り変わりに注目することによって、日本語社会における方言の位置づけの変遷を確認することができます。新聞記事・投書から見た戦後の日本語社会における方言の価値の変遷をまとめると、1970年代までは方言の受けとめ方は否定的でしたが、1980年代を転換点として、方言が社会的価値のあるものとして受けとめられるようになってきたことがわかります。また、1990年代・2000年代と近年に近づくにつれ、方言には「楽しい」「かわいい」「癒やし」といった価値も加えられてきたことがわかります。日本語社会は、「方言コンプレックス」の時代から「方言プレステージ」の時代へと変化してきたのです。

第1課 | 方言の社会的位置づけの変遷

図1 「女子高生方言ブーム」期に相次いで出版された簡易方言辞書「かわいい方言本」

(左上『ちかっぱめんこい方言練習帳!』(主婦と生活社 2005年)、右上『使える方言あそび』(ブティック社 2005年 絶版)、右下『ザ・方言ブック』(日本文芸社 2005年)

「せばだばやってみら」フランス語？津軽弁です

テレビで放送中のトヨタ自動車「パッソ」のCMに登場する津軽弁の会話が「フランス語に聞こえる」と話題を呼んでいる。

CMは、パリを思わせる街角にパッソを運転して現れたタレントのAさんが、「わのかでパン、しけるめに鍋さフォンデュせば、うだでぐめぇ《私の硬いパン、しける前に鍋でフォンデュすればおいしいよ》」と話しかけ、お笑いトリオBのCさんが「せばだばやってみら」(それではやってみった)と応じる内容。画面には標準語の字幕が流れる。トヨタの広報会社によると、10月の放送開始後、同社が全国の視聴者600人にアンケートで尋ねたところ、津軽弁と気づいたのは2割程度だった。インターネットでも評判になり「パッソ 津軽弁」で検索すると、ヒット件数は相当な数に上る。個人のブログなどで「聞き取れたら神」「フランス語だと思っていた」などの感想が書き込まれている。

元々フランス語のせりふに濁音の多い言葉を選ぶことで、よりフランス語に似せたという。担当者は

* トヨタCM
「気づいた」2割

図2 「読売新聞」(2010年11月8日)「せばだばやってみら」
＊人名修正、イラスト作成

第5章　「方言」から見える日本の社会

第2課　地域資源としての「方言」

1　観光誘致に活用される方言

　「寄ってたんせ」「おこしやす」「めんそーれ」。地方を訪れると、こうした歓迎あいさつ方言に出迎えられることがあります。図1を見てください。「寄ってたんせ」は秋田、「おこしやす」は京都、「めんそーれ」は沖縄の方言で、いずれも「来てください」にあたることばです。この他にも、富山の「来られ」、奈良の「おいでやす」、福岡の「ようきんしゃったね」、大分の「おいでぇ」など、各地で多様な歓迎あいさつ方言が用いられています。

　方言が社会的価値のあるものとして受けとめられるようになってきたことにより、地方の側からも、積極的に方言を用いて外部にアピールをするようになってきました。空港、駅、バスなどの公共交通機関や観光客の集まる土産物屋には、上にあげたような歓迎あいさつ方言を掲げた看板やポスターが多く見られます。

　こうした歓迎あいさつ方言を観光キャッチフレーズに使用する先駆けとも言えるのが「おいでませ山口へ」です。これは1960年代から使用されている山口の観光キャッチフレーズです（井上2009）が、2011年に山口県で開催された第66回国民体育大会「おいでませ！山口国体」、2012年の「おいでませ！山口イヤー観光交流キャンペーン」とそのキャッチフレーズ「はじめてなのに、なつかしい。おとずれるたびに、あたらしい。おいでませ山口へ」、山口県東京観光物産センター「おいでませ山口館」など、山口県の観光誘致事業には欠かせないフレーズとなっています。

　図2は、2012年の「おいでませ！山口イヤー観光交流キャンペーン」のイベントガイドブックの表紙と、マスコットキャラクター「ちょるる」です。「ちょるる」という名前も、山口方言の「〜しちょる」（＝〜している）に由来するものなので、マスコットキャラクターのネーミングにも、方言が利用されていることがわかります。

地域資源としての「方言」　第2課

秋田県横手市土産物店 　　　　　　　　JR富山駅

京都市バス 　　　　　　　　　　　　　奈良県明日香村土産物店

福岡空港

那覇空港 　　　　　　　　　　　　　　大分空港

図1　各地の歓迎あいさつ方言

(2012年　日高水穂撮影)

第5章　「方言」から見える日本の社会

　さらに行政が、外来者への「方言によるおもてなし」を提案する例もあります。図3は、2013年実施の秋田デスティネーションキャンペーンおよび2014年開催の第29回国民文化祭・あきたに向けて、観光事業者向けに作成された『秋田おもてなしガイドブック』（秋田県観光キャンペーン推進協議会）の中の「おもてなしの基本」という章の一部です。

　ここでは、方言を「その土地らしさを身近に実感できる魅力的なもの」と位置づけたうえで、「おもてなしの気持ちを秋田弁で伝えましょう」とあるように、外来者に「秋田らしさ」を感じてもらうことが「おもてなし」であり、方言はそれを演出する「ツール」の一つであるという考え方が示されています。

2 「生活言語」から「イメージ創出言語」へ

　ただし、こうした観光誘致に用いられる方言は、必ずしも日常の生活言語として「生きている」ものばかりではありません。筆者は山口県出身ですが、「おいでませ」が日常生活の中で、実際に使用される場面に出くわしたことがありません。また、秋田県にも長く住んでいましたが、実際には方言だけで生活している人はまれで、外来者に対しては共通語を使うのが普通です。むしろ年配者は、子どもの頃に学校や家庭で方言を使わないように指導されたという体験を持つ場合が多く、そうした世代には、「方言コンプレックス」（5章1課）が根強く残っています。

　地方において、方言を地域資源として積極的に活用するようになった現在の日本社会は、一方で、全国を覆うマスメディアと交通網の発達によって共通語化（4章1課）が進み、伝統方言が衰退を余儀なくされている社会でもあります。むしろ、かつて地方人を苦しめてきた「方言コンプレックス」が、共通語の浸透によって解消されたことで、余裕を持って「消えゆく方言を惜しむ」風潮を生み出しているようにも見えます。地域資源としての方言の活用は、現代社会における方言が、「生活言語」から「イメージ創出言語」へと、その機能を変えつつあることを示す現象とも言えるでしょう。

地域資源としての「方言」 | 第2課

図2　山口県の観光キャンペーンガイドブックとマスコットキャラクター「ちょるる」

図3　秋田県の観光事業者向け接客ガイドブック

第3課 言語意識から見た地域類型

1 言語意識から見た地域類型

　日本語社会における方言や共通語に対する意識は、時代によって大きく変化してきました（5章1課）。一方、時代を現代に限定したとしても、話者の生育地や居住地によって、方言や共通語に対する意識は大きく異なります。

　方言や共通語に対する意識には、地域、性や職業・教育程度などの社会的属性、個人の志向性などが反映されます。ここでは言語意識に基づく地域類型について見ていきましょう。

2 方言と共通語の使い分けの観点から見た地域類型のいろいろ

　方言や共通語に対する言語意識や、それらの使い分けパターンから、地域や話者を分類し、類型化しようとする試みは、さまざまな角度から試みられてきました。

　まず、研究者の内省・観察に基づく寿岳（1978）の類型を見てみましょう（表1）。これを類型①とします。

表1　類型①：寿岳（1978）による方言と共通語の使い分けから見た地域類型

関西型	地元でもよそでも関西弁
東北型	地元では東北弁、よそでは共通語
沖縄型	地元でもよそでも共通語

　1990年代以降になると、質問紙を用いた大規模な言語意識調査に基づく帰納的な話者や地域の分類を目指したものが現われてきます。

　陣内（1999）は、全国14都市に居住する高校生から70代までの約2,800人を対象とした「方言」と「共通語」についての言語意識調査に基づいたものです。「地元の道端で同郷の知人と話をする」「東京の電車の中で同郷の知人と話をする」「地元の道端で共通語を話す見知らぬ人と話をする」「東京で共通語を話す見知らぬ人に道を尋ねる」という4つの場

面で「共通語」を使うか「方言」を使うかを尋ね、場面による都市別の「共通語」と「方言」使用率の平均値の偏差から導き出された分類です（表2）。これを類型②とします。

表2 類型②：陣内（1999）による方言と共通語の使い分けから見た地域類型

方言開示型	どの場面でも方言使用率が相対的に高い	京都、東京、札幌、福岡
方言抑制型	どの場面でも方言使用率が相対的に低い	仙台、千葉、那覇
使い分け型	話し相手が同郷人か共通語を話す人であるかによってはっきり使い分けをする	弘前、鹿児島、高知、金沢
中間型	一貫して平均的な位置にある	松本、大垣、広島

　図1は、全国約30,000人からデータを得た世論調査「全国県民意識調査1996」（NHK放送文化研究所編1997）における、居住する都道府県の「土地のことば」についての二つの質問「この土地のことばが好きだ」、「（この土地の）地方なまりが出るのは恥ずかしい」の都道府県別回答率と全国平均との差分に基づいて47都道府県を分類したものです。これを類型③とします。

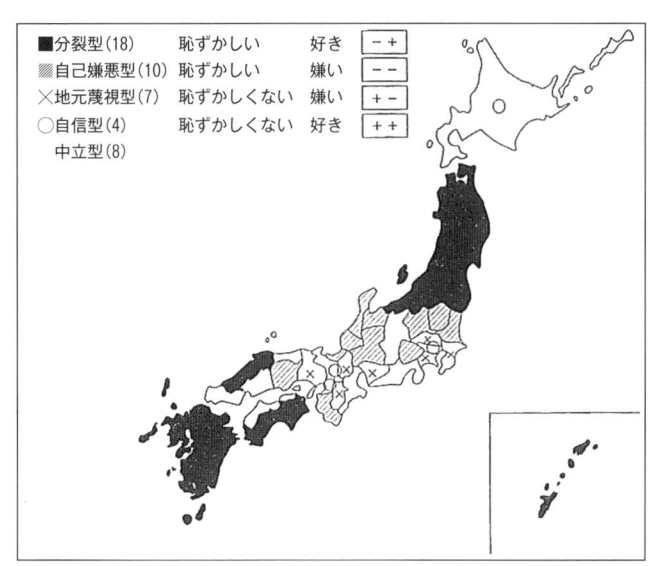

図1 類型③：NHK放送文化研究所編（1997）に基づく方言と共通語の使い分けから見た地域類型

（井上史雄2011，123頁）

第5章 「方言」から見える日本の社会

最後に全国の16歳以上の男女1,347人から回答を得た言語意識調査（2010年実施）に基づいた類型を見てみましょう（図2・表3田中2012b、表4田中・前田2012）。分析に用いた質問は「生育地方言の好悪」「家族・地元友人・非地元友人それぞれに対して方言を使用するかどうか」「ふだんの生活で共通語を使用しているかどうか」「方言と共通語の使い分け意識があるかどうか」「共通語の好悪」です。

このデータに多変量解析の一種である潜在クラス分

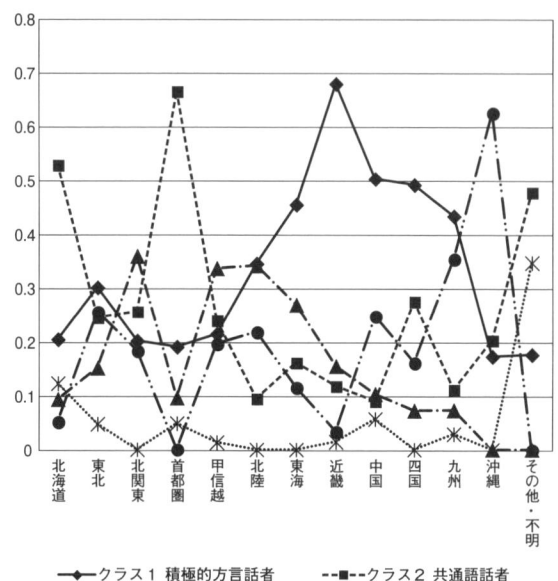

図2　生育地群別帰属確率平均　　　　　　　（田中2012b）

表3　生育地群別帰属確率平均

生育地群	クラス1 積極的方言話者	クラス2 共通語話者	クラス3 消極的使い分け派	クラス4 積極的使い分け派	クラス5 判断逡巡派
北海道	0.204	0.528	0.093	0.051	0.123
東北	0.301	0.245	0.152	0.256	0.048
北関東	0.202	0.256	0.359	0.183	0.000
首都圏	0.190	0.665	0.096	0.000	0.049
甲信越	0.214	0.240	0.337	0.196	0.014
北陸	0.345	0.095	0.342	0.218	0.000
東海	0.454	0.162	0.269	0.116	0.000
近畿	0.679	0.118	0.155	0.034	0.015
中国	0.503	0.090	0.103	0.248	0.057
四国	0.491	0.275	0.072	0.161	0.000
九州	0.433	0.111	0.073	0.354	0.029
沖縄	0.173	0.203	0.000	0.625	0.000
その他・不明	0.176	0.477	0.000	0.000	0.347

（田中2012b）

析（岡太・守口 2010）という手法を用いて、質問に対する回答傾向から5つのクラスを抽出し、13の生育地ブロックごとの回答者の各クラスへの帰属確率を示したものが図2と表3です。そこから導き出された各クラスの典型的な生育地ブロックを類型④として示します（表4）。

表4 類型④：方言と共通語の使い分けから見た地域類型

積極的方言話者	生育地方言が好きでどの場面でも方言を使う。共通語使用意識も使い分け意識も低く、共通語は嫌い。	近畿・中国・四国
共通語話者	どの場面でも共通語を使い、共通語が好き。方言と共通語の使い分け意識は低い。	首都圏・北海道
消極的使い分け派	生育地方言は好きだが方言使用はどの場面でも消極的。共通語が好きというわけでもなく使い分け意識も高くない。	北関東・甲信越・北陸・東海
積極的使い分け派	5クラス中生育地方言好きがもっとも多い。家族・地元に対しては方言を使うが、非地元に対しては使わない。共通語が好きで使用意識も高く、使い分け意識も高い。	沖縄・九州・東北・中国
判断逡巡派	すべての質問に対して「わからない」という回答が多い。	その他・不明、北海道

（田中・前田2012）

3 類型間の比較

　類型①〜④を比較してみると、共通点と相違点があることに気づきます。近畿は、類型①②④を通じて「積極的方言話者」タイプ、東北は、類型①②④を通じて「積極的使い分け」派タイプであることが一貫しています。一方、沖縄は類型①では「共通語話者」となっていますが、類型④では「積極的使い分け」派に分類されています。この背景には、類型①とその他の類型との時代差などが反映されている可能性があります（多田2008）。「方言」と「共通語」に関した言語意識による地域類型の背景には、それぞれの地域方言の日本語社会における威光（prestige）の程度が関わっています。これは、各地域の政治・経済・文化的威光とも関連する問題として見ることもできます（井上史雄2011）。

第4課 ヴァーチャル方言と方言ステレオタイプ

1 リアル方言とヴァーチャル方言

　アニメ『アルプスの少女ハイジ』（1974年放送）の主人公であるハイジ（図1）が「大阪弁」を話したら、という試みがバラエティー番組の1コーナーとして放送されたことがあります。オリジナル版のハイジの台詞は共通語ですが、このコーナーではハイジ役の声優が「大阪弁」の台詞で吹き替えをしています。この試みに対して、出演者たちからは笑いが生じ、コーナーの終わりにはハイジのアップとともに「初々しくない…」というナレーションが流れます。バラエティー番組において、このようなコーナーが成立するのはなぜでしょうか。どうしてハイジが「大阪弁」をしゃべると笑いが起き、「初々しくない…」という感覚が出演者や視聴者に共有されるのでしょうか。

　まず、注意したいこととしては、アニメなどの創作物において使用されている方言は、現実の生活のことばとしての方言と同じものとは限らない、ということです。

　次に、このような創作物を享受する日本語社会で生活する人々の頭の中には「○○方言」や「△△弁」といえば、「○○」とか「△△」といったイメージとの結びつきが存在する、ということもわかります。先の例に従って見ていくと、「大阪弁」と結びつくイメージが、ハイジのように純真なキャラクターにはふさわしくない、というギャップがあることによって、笑いや「初々しくない…」という感覚が呼び起こされているということになります。

　現実の生活のことばとしての方言と、こういった創作物に現れるイメージとしての方言を区別するために、前者を「リアル方言」、後者を「ヴァーチャル方言」と呼ぶことにしましょう。また、方言と結びついた特定のイメージを「方言ステレオタイプ」と呼んでおきましょう。

　「方言ステレオタイプ」は、①「○○方言」といえば「○○」といっ

図1　©ZUIYO
「アルプスの少女ハイジ」公式ホームページ
http://www.heidi.ne.jp

た「方言イメージ」、②「○○方言」と結びつく具体的な語彙や言い回し、③○○方言話者についてのイメージ、④○○方言が使われている地域のイメージなどの複合体と考えられます。

ステレオタイプと結びついたヴァーチャル方言は、特定のことば遣いからある特定の人物像を想起させ、逆にある人物像からは特定のことば遣いを想起させる「役割語」（金水2003）と深い関連をもつ概念です。

2 方言ステレオタイプとその背景

さて、「大阪弁」といえば、上の①から④まで、どのようなものが思い浮かぶでしょうか。考えてみてください。次にマンガやアニメなどの「大阪弁」キャラクターをできるだけたくさん思い浮かべてみてください。

2012年に実施した首都圏のある大学の講義で、マンガやアニメに登場する「大阪弁キャラクター」をあげてもらったところ、上位の3キャラクターは表1のようになりました（図2-1～2-3）。

金水（2003）では、「大阪人・関西人のキャラクターに期待される性質」として表2の7項目を指摘しています。

表1で示された「大阪弁キャラクター」は、表2の7つの「期待される性質」、すなわち「大阪弁」に対する方言ステレオタイプが組み合わされた性格設定となっていることがわかります。

第5章　「方言」から見える日本の社会

表1 「大阪弁」キャラクター

キャラクター名(性別)	服部平治（男）図2-1	小泉リサ（女）図2-2	鬼塚一愛（女）図2-3
職業	高校生探偵	高校生	高校生
作品名（作者）	『名探偵コナン』（青山剛昌原作）	『ラブ★コン』（中原アヤ）	『SKET DANCE』（篠原健太）
ジャンル	少年漫画	少女漫画	少年漫画
連載開始時期	1994年	2001年	2007年
作品の舞台	回により異なる	大阪	?
作品内の位置づけ	主人公のライバル	ヒロイン。背が高い	主要登場人物の一人で紅一点
作品内のキャラ設定	オチャラケキャラだが決めるときは決める	ボケ担当・元気で明るい。背が高いのがコンプレックス	元ヤンキーの武闘派。明るい

図2-1 ©青山剛昌／小学館

図2-2 ©中原アヤ／集英社 マーガレットコミックス

図2-3 ©篠原健太／集英社

表2 「大阪人・関西人のキャラクターに期待される性質」

1. 冗談好き、笑わせ好き、おしゃべり好き
2. けち、守銭奴、拝金主義者
3. 食通、食いしん坊
4. 派手好き
5. 好色、下品
6. ど根性（逆境に強く、エネルギッシュにそれを乗り越えていく）
7. やくざ、暴力団、怖い

(金水2003)

いくつかのイメージ語を提示し、それに当てはまる方言を回答してもらった調査データの結果においても「大阪弁」は「おもしろい」「怖い」「かっこいい」イメージと結びついていることがわかります（表3）。このデータは、2010年に実施した無作為抽出した全国の16歳以上の男女1,347人から回答を得た言語意識調査の結果です（田中2011）。

　このような「方言ステレオタイプ」が形成される背景には、芸能や小説、漫画・アニメなどで、その「方言」がどのように用いられてきたか、ということが関わります。これら創作物の世界において形成された方言ステレオタイプはマス・メディアによって流通し、日本語社会で広く共有されることになったと推測されます（金水2003、中井2004、松本2010）。

表3　2010年全国方言意識調査におけるイメージ語に当てはまる「方言」（n＝1,347）

地域	都道府県ブロック	おもしろい	かわいい	かっこいい	温かい	素朴	怖い	男らしい	女らしい	好き	嫌い
東日本	東北	△			○	**◎**					
	青森	○				○					
	秋田					△					
	東京			**○**							
西日本	近畿									△	
	京都		**◎**		△				◎	○	
	大阪	**◎**		△			**◎**			**○**	**○**
	広島						△				
	高知							△			
	九州							**◎**			
	福岡							△		△	
	熊本							△			
	鹿児島							○			
	沖縄	○			**○**						

［凡例］◎：10％以上、○：5％以上、△：3％以上が選択。白黒反転は第1位　　　　　（田中2011）

第5課 社会現象としての「方言」―「方言コスプレ」という現象―

1 「方言コスプレ」とは？

　関西人でもないのに「なんでやねん」とつっこんでみたり、土佐人でもないのに「やるぜよ！」とズバッと"男らしく"言い切ってみたり。あるいは、「○○出身」であることをわかりやすく示すために、生まれ育った地域の方言的特徴をより強調した「○○方言」を繰り出してみたり。――このような言語行動を目にしたり耳にしたりしたことはありませんか？

　あるいは、メイルやミニ・ブログなどに新しい書きことばとして登場した、ネット上で話すように打つ「打ちことば」において「方言」を目にしたことのある人も少なくないでしょう。

　こういった「ヴァーチャル方言」に付随する「方言ステレオタイプ」（5章4課）を用いた臨時的キャラ発動行動は「方言コスプレ」と名付けられています（田中2007, 2011）。漫画やアニメなどの登場人物の容姿・衣装等を模して、キャラを着替えるコスチューム・プレイを、「方言」を用いたコスプレに見立てた命名です。

　わたしたちは、自分自身が生まれ育った地域の方言を自分自身が意識しているかどうかは別として、それぞれもっています。これが生育地方言です。リアルな生活のことばとしての「本方言」です。

　一方、「方言コスプレ」に用いられる方言は、何らかの意味でリアルな方言とは異なる水準の「ヴァーチャル方言」です。ヴァーチャル方言には、少なくとも2つの層がありそうです。1つは、関西人でもないのに「なんでやねん」とつっこむような、そこの生まれ育ちでもないのになんとなく知っているある地域方言「らしさ」を醸し出す「ニセ方言」。もう1つは、生まれ育った地域の方言ではあるものの、自分自身の素のことばとしては用いない、親世代や祖父母世代が使っていたかのようなその地域方言「らしさ」を強調する「ジモ方言」（1990年代の「地元

人」を指す流行語"ジモティ」の方言"の略）です。
　「ニセ方言」ではそれに付随する「方言ステレオタイプ」が臨時的なキャラとして発動され、「ジモ方言」ではそれぞれの地域の「地元キャラ」が発動されるのです。

2 「方言コスプレ」の背景

　こういった「方言コスプレ」が成立する背景として、日本語社会における方言の社会的位置づけの上昇（5章1課）や、電子メイルやブログ、ソーシャル・ネットワーキング・サービスなどの「打ちことば」の普及によって「方言」が広く目につくようになってきたことを指摘できます。
　「方言コスプレ」は、主として首都圏の若者が親しい友人の間における「打ちことば」として用いられていることが、表1のデータからわかります。この調査は2007年に首都圏の大学に通う大学生265人を対象としたもので、9つの場面を示して「本方言」「ジモ方言」「ニセ方言」をどの程度使うか回答してもらったものです。9つの場面は「相手（家族、地元友人、大学友人）」と「手段（会話、手紙、メイル）」を掛け合わせたものです。
　表1では、回答者を東京・神奈川・埼玉・千葉で生まれ育った首都圏生育者群と、それ以外の非首都圏生育者群に分けて、その回答傾向を比較しています。首都圏は現代の共通語基盤方言であるため、首都圏生育者は自分自身に「本方言」があると意識しにくく、非首都圏生育者は相対的に「本方言」があると意識しやすいと考えたためです。表1において網掛けされている数字は、他方の群に比して統計的に有意に「使う（よく使う＋たまに使う）」が多いことを表しています。
　表1からは、「本方言」と「ジモ方言」は非首都圏生育者群が家族や地元の友人に対して多く使用し、「ニセ方言」は首都圏生育者群がメイル場面で地元・大学を問わず友人に対して多く使用する、ということが確認されます。
　また、自分自身に「本方言」があると意識する非首都圏生育者群は、

「本方言」の使用率が相手を問わず高くなっており、スタイルとしての「方言」使用が堅持されていることがわかります。一方、「本方言」由来の「ジモ方言」は、メイルや手紙では家族や地元友人への使用が目立ち、地元との紐帯を強めるために使われている様子がうかがえます。

　一方、首都圏生育者は「本方言」をもたないという意識が強いので、「ジモ方言」も使いにくく、その代わりに親しい間柄で使用するコードとして「ニセ方言」を使っていることがわかります。会話よりもメイルのほうに「ニセ方言」使用が目立つのは、「打ちことば」が音声を伴わない、非同期・非対面のメディアであるためでしょう。アクセントやイントネーションといった習得が難しい部分は無視できて、かつ、自己装い表現の「コスプレ」にフィットするからと考えられます。

3 「方言らしさ」を表す部分

　「方言コスプレ」に用いられるヴァーチャル方言は、文末表現や短い定型表現やいくつかの語彙に限定されます（田中2007, 2011）。2004年に実施した首都圏の大学に通う大学生127人から得たデータに現れた「ニセ方言」例を見ると表2のようになります。

　表2からは、「方言コスプレ」において用いられる「ニセ方言」の大半が文末表現や短い定型表現であることがわかります。こういった要素は共通語文脈への着脱が容易で、これを用いたキャラの着脱も簡便となり、瞬間的なイメージの交換を可能にすると想像されます。

　このような「ニセ方言」に多出する文末表現や短い定型表現などは、テレビドラマやマンガなどの創作物に現れるヴァーチャル方言の特徴とも一致します。同時に、地元ムードをまとうツールである「アクセサリー化」した「本方言」においても、文末表現は重要なポイントとなっているという指摘があります（小林2004）。この一致は、リアル、ヴァーチャルを問わず、「方言らしさ」というものがどのような要素から成るのか、ということを示唆しているように見えます。

社会現象としての「方言」―「方言コスプレ」という現象― 第5課

表1 2007年調査「本方言」「ジモ方言」「ニセ方言」場面別使用率（％）

方言種類	場面	首都圏		非首都圏	全体％	全体n
本方言	対家族会話	42.5	<<	85.7	55.1	263
	対地元友人会話	41.9	<<	86.8	55.0	262
	対大学友人会話	34.4	<<	59.7	41.8	263
	対家族メイル	33.3	<<	59.7	41.1	263
	対地元友人メイル	34.4	<<	63.6	43.0	263
	対大学友人メイル	30.1		33.8	31.2	263
	対家族手紙	24.7		35.1	27.8	263
	対地元友人手紙	27.4	<	40.3	31.2	263
	対大学友人手紙	24.7		22.1	24.0	263
ジモ方言	対家族会話	14.5	<<	49.4	24.7	263
	対地元友人会話	9.1	<<	46.8	20.2	263
	対大学友人会話	6.5	<	15.8	9.2	262
	対家族メイル	9.1	<	24.7	13.7	263
	対地元友人メイル	7.5	<<	29.9	14.1	263
	対大学友人メイル	7.5		10.5	8.4	262
	対家族手紙	5.9	<	19.7	9.9	262
	対地元友人手紙	6.5	<<	22.4	11.1	262
	対大学友人手紙	5.4		10.5	6.9	262
ニセ方言	対家族会話	41.2		37.7	40.2	264
	対地元友人会話	47.1		44.2	46.2	264
	対大学友人会話	54.0		42.9	50.8	264
	対家族メイル	26.2		15.6	23.1	264
	対地元友人メイル	48.1	>	29.9	42.8	264
	対大学友人メイル	47.1	>	33.8	43.2	264
	対家族手紙	11.2		9.1	10.6	264
	対地元友人手紙	12.8		13.0	12.9	264
	対大学友人手紙	12.8		19.5	14.8	264

※＜／＞：5％水準で有意差あり、＜＜／＞＞：1％水準で有意差あり　　　　（田中2007, 2011）
　＜＜／＞＞ p値＜0.001　＜／＞ p値＜0.005

表2 「打ちことば」に現れるヴァーチャル方言

ニセ関西弁	～やん、～やろ、～じゃ、～やから、なんでやねん、そうやねん、なにしとんねん
ニセ北関東弁／ニセ東北弁	～だべ、～だべさ、～っぺか、んだども
ニセ九州弁	～けん、～たい、～ですたい、～でごわす
ニセ中国方言	～やけ、～けぇー、～じゃけん
地域不明ニセ方言	～なんさ、～なんよ、～やね、～さ、～だがよ、～だやね

（田中2007, 2011）

第5章　「方言」から見える日本の社会

第6課 方言研究の社会的意義

１ 標準語選定のための方言調査

　ここまで、方言の地域差や方言と社会の関わりについて見てきました。最後に、方言研究のもつ社会的意義について考えてみましょう。

　最初の本格的な方言調査は、1903（明治36）年に国語調査委員会が実施した音韻調査と口語法（話言葉の文法）調査です。この時期は標準語の制定の時期と重なっています。方言の全国調査が行われたのも、「方言ヲ調査シ標準語ヲ選定スルコト」（国語調査委員会方針の四）のためでした。調査の結果は、『音韻調査報告書』、『音韻分布図』(1905)、『口語法調査報告書』、『口語法分布図』(1906)としてまとめられています。図１は『音韻分布図』の中の「カ」「クヮ」の分布図、図２はその元となった『音韻調査報告書』の青森県と山形県の報告です。現在から見ると、県郡単位の大変大雑把な報告と地図になっていますが、

図１　「カ」「クヮ」の分布図　　　（国語調査委員会編1905, 27頁）

120

明治期の全国方言の状況を示す資料として、大変貴重なものです。ただし、その後は、学校では標準語が励行され、方言の使用が禁止されるようになります。

図2 『音韻調査報告書』　　　　　　（国語調査委員会編1905, 395頁）

2 方言の成立や地域の言語生活を解明するための方言調査

　一方で、音韻調査と口語法調査は、ことばの地域差がどのようにして成立したかを考えるきっかけとなりました。東條操の方言区画論（1章1課）や柳田国男の方言周圏論（1章3課）は、標準語のためというよりも、方言の成立や地域の言語生活を解明するために行われた研究でした。1957～1964年に国立国語研究所が実施した『日本言語地図』の調査では、目的として「現代日本標準語の基盤とその成立過程の解明」とともに「日本語の地理的差異の成立と、各種方言語形の歴史の解明」が唱われています。標準語が浸透したこともあって、この時代の方言研究は、方言の成立や地域の言語生活を解明するという意味をもつようになったのです。

3 社会に貢献する方言研究

　20世紀の終わりになると、消滅の危機にある言語をどう守るかが、世界的な問題となってきました。日本でも方言が消滅の危機の問題に直面しています。4章3課で見たように、関西方言でさえ安泰ではありません。このような状況を受けて、21世紀の方言研究は、消滅の危機にある方言を守るという社会的任務を帯びるようになってきました。具体的には、方言の文法書、語彙集、テキスト（談話資料）の3点を作成し、子どもたちに方言を教える教材や、後世の人に方言を伝える資料を作るということです。音声資料や画像資料も作る必要があります。

　テキストの内容は、昔話の語りや子どものころの経験談など、何でもよいのですが、重要なのは、その方言を知らない人が見ても、意味や文の構成がたどれるようにしておくことです。図3にあげたのは、山浦訳（2011）『ガリラヤのイェシュー』の一節です。新約聖書を方言で訳したもので、イェシュー（イエス）やペトロのことばが岩手県のケセン語で書かれています。

　社会問題の発見・解決を目指した実践的な方言研究、ウェルフェア・リングイスティクス（徳川1999）も21世紀の方言研究が取り組むべき課題です。その例として、岩城裕之他の「医療・福祉と方言」プロジェクトの取り組みを紹介しましょう。このプロジェクトは医療・介護従事者の「患者さんの方言がわからない」という話をきっかけに生まれました。患者さんには年配の方も多いですし、また、体の痛みを表す語には、地域独特の方言がたくさんあります（2章6課）。若い医療従事者や他地域出身の医療従事者には、患者さんの方言は難しいかもしれません。実際、2011年3月の東日本大震災のときには、支援に入った医療チームが方言で苦労したということがありました。このようなことに対応できるように、このプロジェクトでは普段から医療に関する方言の情報提供を行っています（図4）。

　直接、方言を扱っているわけではありませんが、弘前大学人文学部社

会言語学研究室の「やさしい日本語」プロジェクトでは、地域に住む外国人にもわかりやすく情報が伝わる「やさしい日本語」を広げる試みを行っています。自分の調査や研究が社会にとってどのような意義をもつのかを考えながら行動することが、これからの方言研究にとって一層大切になってきています。

道々、イェシューさまは弟子たちに言いなさった。
「今夜お前たちは皆俺を見捨てる。(中略)
　するとペトロが［猛然と］口を返して、こう言った。
「［この不甲斐ねァ者どもァ、確かに］みんなお前様を見捨てるてる事だ（確かに見捨てることだろう）。そんだっても（そうであっても）、この俺ばりァ（俺だけは）お前様を見捨てるような真似など絶対にしァせんつォ（しませんぞ）！」
　イェシューさまは［表情を殺した静かな声で］ペトロに言いなさった。
「其方にこの俺はシッカど語っておぐ。今夜鶏っこが時をつぐる前に、其方は三回、この俺の事を知らねァって語る。」

図3 『ガリラヤのイェシュー』〈マタイ26〉　　　　　　　　　　（山浦訳　2011）

図4 「医療のための広島方言」　http://ww4.tiki.ne.jp/~rockcat/hoken/aki.pdf（参照2014.9.17）
　　　　　　　　　　　　　　　　　　　　　　　　　　　　　　（岩城2012）

付章　調べてみよう

　方言を調べてみたいという方のために、各章の内容に沿って、調査のテーマを例示しておきました。調査のときのヒントも付けています。さらに詳しいことを知りたい人は、主要参考文献にあげた論文や報告書を直接、ご覧ください。

　なお、方言を調査したり、談話を録音したりするときには、相手の方の了解と研究協力同意書を必ずとるようにしてください。同意書の様式については、本章末尾の見本を参考にしてください。

第1章　地図から見えることばの地域差

❖ 『日本言語地図』（国立国語研究所編）を見て、それぞれの地図がどのような分布パターンをもつか、考えてみましょう。たとえば、次の地図はどのような分布パターンをもつでしょうか。
- 第 37 図「甘い」
- 第 38 図「〈塩味が〉うすい」
- 第 50 図「いくら（値段）」
- 第 51 図「座る」
- 第 97 図「手拭いが凍る」
- 第106図「顔」
- 第110図「目」
- 第121図「親指」
- 第122図「人差し指」
- 第123図「中指」
- 第124図「薬指」
- 第137図「おんな（女）」
- 第143図「たこ（凧）」
- 第191図「いえ（家屋）」
- 第212図「ふくろう」
- 第231図「とんぼ（蜻蛉）」

☞ヒント…2課〜5課の分布パターンを参考にしてください。

❖ ある地域から数地点を選んで方言を調べ、方言地図を作成してみましょう。
　☞ヒント…地域差が出やすい語や表現を選びましょう。最近の新しい語や表現でもかまいません。
　☞ヒント…地図を作るときには、どのような語形にどのような記号を当てはめればよいか、工夫してみてください。

第2章　ことばの仕組みから見える地域差

❖ 各地の音韻の特徴について調べてみましょう。
　☞ヒント…「大根」「高い」「黒い」「寒い」などの語に含まれる、/ai//oi//ui/などの連母音が「デーコン」「タケー」「クレー」「サミー」

などのように融合するかどうか、調べてみましょう。また、ガ行鼻音や有声化現象がどのような地域に現れるのか、調べてみましょう。

❖各地のアクセントを調べてみましょう。
　☞ヒント…『国語学大辞典』(国語学会編)の「国語アクセント類別語彙表」を参考にして、調査語を選びましょう。助詞や助動詞が付いたときのアクセントも調べてみましょう。

❖各地の文末のイントネーションを調べてみましょう。
　☞ヒント…次のような文の文末音調を調べてみましょう。
　　　　・WH疑問文「これは何ですか？」「いつ行く？」
　　　　・Yes/No疑問文「何か見えますか？」「京都へ行く？」
　　　　・依頼表現「一緒に行ってください」
　　　　・勧誘表現「一緒に行きませんか」
　　　　・同意要求「これ、かわいくない？」

❖各地の文法の特徴について調べてみましょう。
　☞ヒント…次のような表現をどのように言うか、調べてみましょう。
　　　　・「寒いけれどもがまんしよう」
　　　　・「植えたのに枯れてしまった」
　　　　・「あしたはたぶん雨だろう」
　　　　・「天気予報ではあしたは雨だそうだ」
　　　　・「あの人はどうも病気らしい」

❖各地のオノマトペについて調べてみましょう。
　☞ヒント…動物の鳴き声(ワンワンなど)、身体の痛み(キリキリなど)、動き(ウロウロなど)、性格(サバサバなど)のように、意味分野別にオノマトペを集めてみましょう。

第3章 コミュニケーションから見えることばの地域差

❖各地の朝のあいさつ、別れのあいさつ、買い物のときのあいさつなどを調べてみましょう。

❖ヒント…あいさつをするか、専用のことばがあるかなどに注意しましょう。

❖各地の談話を録音し、話の進め方の特徴を整理してみましょう。
　ヒント…話の進め方が関西タイプか東京タイプか、あるいはどちらとも異なるタイプかについて考えてみましょう。

❖各地の昔話の「語りの型」を調べてみましょう。
　ヒント…語り始め（発端句）、語り終わり（結末句）、文末部分にどのような語が使われるか、また、登場人物に尊敬語が使われるかなどに注意しましょう。

第4章　社会の変化から見えることばの地域差

❖同じ人が、いろいろな場面でどのように方言と共通語を使い分けているか、談話資料をもとにして調べてみましょう。
　ヒント…場面による使い分けが出やすい項目に、次のようなものがあります。これらを目安にして、調べてみましょう。
　　(a)自称詞「わたし」「うち」など、(b)助詞「が」「を」「に」の有無、(c)接続助詞「から」「ので」「でも」「けれど」など、(d)間投詞・終助詞「ネー」「サー」「ナー」など、(e)否定形式「ナイ」「ネー」「ヘン」「ン」など、(f)推量形式「ダロー」「ヤロー」「デショー」など、(g)丁寧形式「デス・マス」の有無。

❖各地の伝統的方言が現代の若者にどのくらい使われているか、また、知識として知られているか、調べてみましょう。
　ヒント…伝統的な方言が収録された方言辞典から見出し語を拾い出し、「使う」「使わないが意味はわかる」「使わないし意味もわからない」について調べてみましょう。
　ヒント…「使う」という回答が多い単語には、何か特徴がないか、考えてみましょう。

❖各地のネオ方言、気づかない方言、新しい方言について調べてみましょう。

第5章 | 「方言」から見える日本の社会

❖ 井上史雄（2011）、イ・ヨンスク（1996）、小林（1996, 2004）、真田（1991, 2000）、陣内（2007）、田中（2011）、安田（1999）などを参考にして、方言の社会的位置づけがどのように変化してきたのか、まとめてみましょう。

❖ 地域資源として方言が活用されている例を集め、その効果について考えてみましょう。また、方言の地域活用方法を提案する企画書を作成してみましょう。
　☞ヒント…例を集める際には、画像や音声などのかたちで記録しておきましょう。例を収集した日付、場所、場面などの情報も忘れずに記録しましょう。
　☞ヒント…パンフレットなどがある場合は、実物を入手した上で、写真などを撮っておくといいでしょう。また、どのような団体がどのような目的で作成したのかについても調べて、記録しておきましょう。

❖ 共通語や方言に対する意識、またその使い分けに関する意識調査を行ってみましょう。
　☞ヒント…NHK放送文化研究所編（1997）、佐藤・米田編（1999）、田中・前田（2012）など、全国を対象とした共通語や方言に関する意識調査の質問文や選択肢を参考に調査票を作成してみましょう。

❖ 方言の社会貢献について、6課で示した例以外にどのようなものがあるか、実例を集めてみましょう。集めた実例以外にも社会貢献の可能性がないか、考えてみましょう。

●研究協力同意書の見本

<h2 style="text-align:center;">研 究 協 力 同 意 書</h2>

　　　　　　　殿

　私は、私の談話を録音したデータが、方言の研究を目的として使用されることに、

　　　　　同意します　　　　　同意しません

　録音データを使用する際、個人名を出すことについては、

　　　　個人名を出してもよい　　匿名を希望する

　　　　　　　年　　　月　　　日

　　　　　　　氏名（署名）_____

　　　　　　（調査地点：_____県_____）

　　　　　　　調査者氏名_____

主要参考文献 ＊本文中引用した図版等の出典、本文の記述と関係のある主要なものを示した

［あ行］

秋田県国語教育研究会・秋田県学校図書館協議会編（2004）『読みがたり秋田のむかし話』日本標準
安部清哉（1999）「日本列島におけるもう一つの方言分布境界線"気候線"」『玉藻』35
阿部貴人・坂口直樹（2002）「津軽方言話者のスタイル切換え」『阪大社会言語学研究ノート』4，大阪大学大学院文学研究科社会言語学研究室
安部達也（2008）「「正座」から見る号令ことばの広がり」島村恭則・日高水穂編『沖縄フィールドリサーチⅡ』秋田大学教育文化学部
石川児童文化協会編（2005）『読みがたり石川のむかし話』日本標準
稲田浩二・稲田和子編（2010）『日本昔話ハンドブック　新版』三省堂
井上文子（1998）『日本語方言アスペクトの動態―存在型表現形式に焦点をあてて―』秋山書店
井上史雄編（1983）『《新方言》と《言葉の乱れ》に関する社会言語学的研究―東京・首都圏・山形・北海道―』科研費報告書
井上史雄（1985）『新しい日本語―《新方言》の分布と変化―』明治書院
井上史雄（1989）『言葉づかい新風景（敬語と方言）』秋山書店
井上史雄（1993）「価値の高い方言／低い方言」『月刊言語』22-9，大修館書店
井上史雄（1994）「『尻あがり』イントネーションの社会言語学」佐藤喜代治編『国語論究4　現代語・方言の研究』明治書院
井上史雄（1995）「共通語化の所要年数―鶴岡・山添実時間調査―」『国語学』181
井上史雄（1998）『日本語ウォッチング』岩波書店
井上史雄（2003）『日本語は年速一キロで動く』講談社
井上史雄（2007）『変わる方言　動く標準語』筑摩書房
井上史雄（2008）『社会方言学論考』明治書院
井上史雄（2009）「ことばの伝わる速さ―ガンボのグロットグラムと言語年齢学―」『日本語の研究』5-3
井上史雄（2009）「地域語の経済と社会―言みやげ・グッズとその周辺―第32回「観光歓迎方言「おいでませ山口へ」の系譜　西日本編」」三省堂ワードワイズ・ウェブ http://dictionary.sanseido-publ.co.jp/wp/2009/01/24/
井上史雄（2011）『経済言語学論考―言語・方言・敬語の値打ち―』明治書院
井上史雄・河西秀早子（1982）「標準語形の地理的分布パターン―『日本言語地図』データの因子分析」『国語学』131
イ・ヨンスク（1996）『「国語」という思想―近代日本の言語認識―』岩波書店
岩城裕之（2012）「各地の方言の手引き」http://ww4.tiki.ne.jp/~rockcat/hoken/subz202.htm
上野善道編（1989）「日本方言音韻総覧」『日本方言大辞典・下巻』小学館
上村幸雄（1989）「琉球列島の言語：総説」『言語学大辞典』三省堂
牛山初男（1969）「東西方言の境界」（私家版）
NHK放送文化研究所編（1997）『現代の県民気質―全国県民意識調査―』日本放送出版協会
大木梨華（2002）「「を」の呼称に関する地理的研究」『日本方言研究会第74回研究発表会発表原稿集』
岡太彬訓・守口剛（2010）『マーケティングのデータ分析―分析手法と適用事例―』朝倉書店
沖裕子（2006）「Ⅴ　談話構造の地理的変種」『日本語談話論』和泉書院
奥田靖雄（1985）『ことばの研究・序説』むぎ書房
小野正弘編（2007）『日本語オノマトペ辞典―擬音語・擬態語4500』小学館（方言項目は三井はるみ／竹田晃子著）

［か行］

河西秀早子（1981）「標準語形の全国的分布」『言語生活』354　筑摩書房

主要参考文献

加藤和夫（1999）「方言はなくならない！」佐藤和之・米田正人編著『どうなる日本のことば―方言と共通語のゆくえ』大修館書店

加藤正信（1973）「全国方言の敬語概観」『敬語講座6　現代の敬語』明治書院

加藤正信（1974）「現代生活と方言の地位」『月刊言語』3-7，大修館書店（馬瀬良雄編（1986）『論集日本語研究10　方言』有精堂に再録）

加藤正信（1975）「方言の音声とアクセント」大石初太郎・上村幸雄編『方言と標準語―日本語方言学概説』筑摩書房

加藤正信（1977）「方言区画論」『岩波講座日本語11　方言』岩波書店

加藤正信（1989）「日本語：現代日本語―方言」『言語学大辞典』三省堂

岸江信介（2011）『大都市圏言語の影響による地域言語形成の研究』科研費報告書

岐阜児童文学研究会編（2004）『読みがたり岐阜のむかし話』日本標準

木部暢子（2009）「どこ行きよーと？　映画見に行きよーと」九州方言研究会編『これが九州方言の底力！』大修館書店

木部暢子（2010）「イントネーションの地域差―質問文のイントネーション―」小林隆・篠崎晃一編『方言の発見―知られざる地域差を知る』ひつじ書房

木部暢子（2011）「言語・方言の定義について」『文化庁委託事業　危機的な状況にある言語・方言の実態に関する調査研究事業報告書』

金水敏（2003）『ヴァーチャル日本語　役割語の謎』岩波書店

金田一春彦（1945）「国語動詞の一分類」『言語研究』15

金田一春彦（1953）「音韻」『日本方言学』吉川弘文館

金田一春彦（1974）『国語アクセントの史的研究　原理と方法』塙書房

金田一春彦編（1976）『日本語動詞のアスペクト』むぎ書房

久木田恵（1990）「東京方言の談話展開の方法」『国語学』162

久木田恵（2005）「談話類型から見た関西方言」陣内正敬・友定賢治編『関西方言の広がりとコミュニケーションの行方』和泉院書

久木田恵（2010）「説話展開の地域差」『方言の発言―知られざる地域差を知る』ひつじ書房

工藤真由美（1995）『アスペクト・テンス体系とテクスト』ひつじ書房

工藤真由美編（2004）『日本語のアスペクト・テンス・ムード体系―標準語研究を超えて―』ひつじ書房

琴鐘愛（2005）「日本語方言における談話標識の出現傾向」『日本語の研究』1-2

言語編集部（1995）「変容する日本の方言　全国14地点，2800名の言語意識調査」『月刊言語』95.11別冊，大修館書店

郡史郎（2003）「イントネーション」『朝倉日本語講座3　音声・音韻』朝倉書店

国語学会編（1980）『国語学大辞典』東京堂出版

国語調査委員会編（1905）『音韻調査報告書』国書刊行会（復刻）

国語調査委員会編（1906）『口語法調査報告書（下）』国書刊行会（復刻）

国語調査委員会編（1906）『口語法分布図』国定教科書共同販売

国立国語研究所（1966-1974）『日本言語地図』全6巻，国立印刷局（旧大蔵省印刷局）（縮刷版1981-1985）地図画像のPDF版を公開するウェブサイト　http://www.ninjal.ac.jp/publication/catalogue/laj_map/04/

国立国語研究所（1974）『地域社会の言語生活―鶴岡における20年前との比較―』

国立国語研究所（1979）『表現法の全国的調査研究―準備調査の結果による概観―』科研費報告書

国立国語研究所（1984）『国立国語研究所報告80　言語行動における日独比較』三省堂

国立国語研究所（1989-2006）『方言文法全国地図』全6巻，財務省印刷局　PDF版を公開するウェブサイト　http://www2.ninjal.ac.jp/hogen/dp/gaj-pdf/gaj-pdf_index.html

国立国語研究所（1990）『国立国語研究所報告102　場面と場面意識』三省堂

国立国語研究所（2006）『方言使用の場面的多様性―鶴岡市における場面差調査から―』
小林隆（1995）「動詞活用におけるラ行五段化傾向の地理的分布」『東北大学文学部研究年報』45
小林隆（1996）「現代方言の特質」小林隆・篠崎晃一・大西拓一郎編『方言の現在』明治書院
小林隆（1999）「方言語彙・表現法の現在」真田信治編『展望　現代の方言』白帝社
小林隆（2004）「アクセサリーとしての現代方言」『社会言語科学』7-1
小林隆（2010）「オノマトペの地域差と歴史―「大声で泣く様子」について―」小林隆・篠崎晃一編『方言の発見―知られざる地域差を知る』ひつじ書房
小林隆・澤村美幸（2010）「言語的発想法の地域差と社会的背景」『東北大学文学研究科研究年報』59
小松寿雄（1985）『江戸時代の国語　江戸語』東京堂出版

［さ行］

佐々木冠（2011）「水海道方言　標準語に近いのに遠い方言」呉人恵編『日本の危機方言―言語・方言の多様性と独自性』北海道大学出版会
佐藤和之（1999）「方言主流社会」「共通語中心社会」佐藤和之・米田正人編『どうなる日本のことば―方言と共通語のゆくえ』大修館書店
佐藤和之・米田正人編著（1999）『どうなる日本のことば―方言と共通語のゆくえ』大修館書店
佐藤髙司（2012）「若年層の方言使用と「学校方言」」『共愛学園前橋国際大学論集』12
佐藤亮一（1982）「方言語彙の分布―『日本言語地図』に見る」佐藤喜代治編『講座日本語の語彙8　方言の語彙』明治書院
佐藤亮一（1987）「方言の語彙」飯豊毅一・日野資純・佐藤亮一編『講座方言学1―方言概説』国書刊行会
佐藤亮一監修（2002）『お国ことばを知る方言の地図帳―新版 方言の読本』小学館
佐藤亮一監修（2007）『ポプラディア情報館　方言』ポプラ社
真田信治（1987）「ことばの変化のダイナミズム―関西圏におけるneo-dialectについて」『言語生活』429，筑摩書房
真田信治（1989）『日本語のバリエーション―現代語・歴史・地理―』アルク
真田信治（1991）『標準語はいかに成立したか』創拓社
真田信治（1993）「現代日本論への新しい視点　方言」『國文学解釈と教材の研究』38-12，學燈社
真田信治（2000）『脱・標準語の時代』小学館
真田信治（2001）『方言は絶滅するのか―自分のことばを失った日本人』PHP研究所
真田信治（2007）『方言は気持ちを伝える』岩波書店
真田信治・友定賢治編（2011）『県別罵詈雑言辞典』東京堂出版
三遊亭圓生著，飯島友治編（1989）『古典落語　圓生集（上）』筑摩書房
篠崎晃一・小林隆（1997）「買物における挨拶行動の地域差と世代差」『日本語科学』2，国立国語研究所
篠崎晃一＋毎日新聞社編著（2008）『出身地（イナカ）がわかる！　気づかない方言』毎日新聞社
柴田武（1960）「方言の音韻体系」『国文学解釈と鑑賞』25-10，至文堂
柴田武（1962）「音韻」『方言学概説』武蔵野書院
寿岳章子（1978）「標準語の問題」『岩波講座日本語3　国語国字問題』岩波書店
陣内正敬（1996）『北部九州における方言新語研究』九州大学出版会
陣内正敬（1999）「次のような場面であなたが使うことばは？」佐藤和之・米田正人編『どうなる日本のことば―方言と共通語のゆくえ』大修館書店
陣内正敬（2003a）「関西的コミュニケーションの広がり―首都圏では」『コミュニケーションの地域性と関西方言の影響力についての広域的研究　No.1』科研費報告書
陣内正敬（2003b）『コミュニケーションの地域性と関西方言の影響力についての広域的研究　No.2』科研費報告書

主要参考文献

陣内正敬（2007）「若者世代の方言使用」小林隆編『シリーズ方言学3　方言の機能』岩波書店
陣内正敬（2010）「ポライトネスの地域差」小林隆・篠崎晃一編『方言の発見―知られざる地域差を知る』ひつじ書房
杉戸清樹（1992）「言語行動」真田信治・渋谷勝己・陣内正敬・杉戸清樹『社会言語学』桜楓社
杉藤美代子（1982）『日本語アクセントの研究』三省堂

［た行］

高橋顕志（1986）『松山市・高知市間における方言の地域差・年齢差―グロットグラム分布図集―』高知女子大学文学部国語学研究室
竹田晃子（2010）「鹿児島県喜界町方言におけるオノマトペの語彙的特徴」木部暢子他『消滅危機方言の調査・保存のための総合的研究　喜界島方言調査報告書』国立国語研究所
竹田晃子編（2012）『東北方言オノマトペ用例集』(http://www.ninjal.ac.jp/pages/onomatopoeia.html)
竹田晃子（2012）「被災地域の方言とコミュニケーション―東日本大震を契機にみえてきたこと―」『日本語学』31-6，明治書院
多田治（2008）『沖縄イメージを旅する―柳田國男から移住ブームまで―』中央公論新社
辰浜マリ子（1977）「相生方言のアスペクト―「居る」・「て居る」について―」『都大論究』14
田中ゆかり（1993）「「とびはねイントネーション」の使用とそのイメージ」日本方言研究会第56回研究発表会発表原稿集
田中ゆかり（2007）「「方言コスプレ」にみる「方言おもちゃ化」の時代」『文学』8-6，岩波書店
田中ゆかり（2010）『首都圏における言語動態の研究』笠間書院
田中ゆかり（2011）『方言コスプレ』の時代―ニセ関西弁から龍馬語まで―』岩波書店
田中ゆかり（2012a）「リアルな土地から離脱するCM方言―軽やかなローカリティーの獲得―」『宣伝会議』835，宣伝会議
田中ゆかり（2012b）「「方言」の受けとめかたの移り変わり―全国方言意識調査からみる年齢差・地域差」『日本語学』31-11，明治書院
田中ゆかり・前田忠彦（2012）「話者分類に基づく地域類型化の試み―全国方言意識調査データを用いた潜在クラス分析による検討―」『国立国語研究所論集』3　国立国語研究所
都染直也編（2004）『JR山陰本線　松江―鳥取間グロットグラム集』甲南大学方言研究会
都染直也編（2008）『JR山陰本線　石見福光―松江―伯耆大山間グロットグラム集』甲南大学方言研究会
都染直也（2010）「グロットグラムによる方言研究」『甲南大学紀要　文学編』160
デイビッド・クリスタル著，斎藤兆史／三谷裕美訳（2004）『消滅する言語』中央公論社
東條操先生古稀記念会（1956）『日本言語地図』吉川弘文館
徳川宗賢（1972）「ことばの地理的伝播速度など」『現代言語学』三省堂（同1993『方言地理学の展開』に再録）
徳川宗賢編（1979）『日本の方言地図』中央公論社
徳川宗賢（1981）『日本語の世界8―言葉・西と東』中央公論社
徳川宗賢（1983）「『日本言語地図』からみた方言の東西対立・概観」平山輝男博士古稀記念会編『現代方言学の課題』1　明治書院
徳川宗賢（対談者：J. V. ネウストプニー）（1999）「ウェルフェア・リングイスティクスの出発」『社会言語科学』2-1
土佐教育研究会国語部編（2005）『読みがたり高知のむかし話』日本標準
鳥取県小学校国語教育研究会編（2005）『読みがたり鳥取のむかし話』日本標準
友定賢治（1999）「はざまに置かれた方言」佐藤和之・米田正人編著『どうなる日本のことば―方言と共通語のゆくえ』大修館書店

友定賢治・陣内正敬（2004）「関西方言・関西コミュニケーションの広がりが意味するもの」『社会言語科学』7-1

［な行］

中井精一（2004）「お笑いのことばと大阪弁—吉本興業の力とは—」『日本語学』23-11，明治書院
中本正智（1981）『図説 琉球語辞典』金鶏社
中本正智（1987）「喜界島方言の言語地理学的研究」『日本語研究』9，東京都立大学国語学研究室
日本語記述文法研究会編（2008）『現代日本語文法6 第11部複文』「第4章 条件節」くろしお出版
日本方言研究会編（1964）『日本の方言区画』東京堂出版
日本放送協会編（1966）『全国方言資料　第1巻　東北・北海道編』日本放送出版協会

［は行］

服部四郎（1931）「国語諸方言アクセント概観」『方言』創刊号
半沢康（2003）「現代の方言」小林隆・篠崎晃一編『ガイドブック方言研究』ひつじ書房
日高水穂（1994）「近畿地方の動詞の否定形」『方言文法1』ＧＡＪ研究会
日高水穂（2003）「小辞典 ふるさとのことば（5）秋田県」『月刊言語』32-1，大修館書店
日高水穂（2009a）「言語変化を抑制する誤用意識」『日本語学』28-9，明治書院
日高水穂（2009b）「「自動車学校」か「自動車教習所」か—近代施設の名称と略称の地域差—」『日本語学』28-14，明治書院
日高水穂（2009）「秋田における方言の活用と再活性化—フォークロリズムの視点から—」『月刊言語』37-7，大修館書店
日高水穂（2011）「秋田方言—多様性を内包する「仮想方言」のダイナミクス」呉人惠編『日本の危機方言—言語・方言の多様性と独自性』北海道大学出版会
日高水穂（2013）「ロールプレイ会話データベース」http://hougen.sakura.ne.jp/hidaka/kaiwa/
Hibiya Junko (1996) Denasalization of the velar nasal in Tokyo Japanese: observations in real time. *Towards a Social Science of Language, vol 1. Variation and Change in Language and Society.* Amsterdam: John Benjamins
平山輝男（1980）「全日本アクセント分布図」『国語学大事典』武蔵野書院
平山輝男博士古稀記念会編（1984）『現代方言学の課題2—記述的研究篇』明治書院
弘前大学人文学部社会言語学研究室（2013）「やさしい日本語」http://human.cc.hirosaki-u.ac.jp/kokugo/
福島直恭（2002）『〈あぶないai〉が〈あぶねえe:〉にかわる時』笠間書院
藤田勝良（2006）「日本語の中の「九州方言」・世界の言語の中の「九州方言」(10) 佐賀県域の三連オノマトペ」『日本語学』25-2，明治書院
文化庁（1995）『国語に関する世論調査〔平成7年4月調査〕』大蔵省印刷局
文化庁（2001）『平成12年度国語に関する世論調査〔平成13年1月調査〕』財務省印刷局
文化庁（2006）『平成17年度国語に関する世論調査〔平成18年2月調査〕』国立印刷局
方言研究ゼミナール幹事団編（1991）『方言資料叢刊第1巻　祝言のあいさつ』方言研究ゼミナール
方言研究ゼミナール幹事団編（1992）『方言資料叢刊第2巻　身体感覚を表すオノマトペ』方言研究ゼミナール
方言研究ゼミナール幹事団編（1994）『方言資料叢刊第4巻　方言アスペクトの研究』方言研究ゼミナール
方言文法研究会（2007）「全国方言文法データベース：原因・理由」，方言文法研究会HP　http://hougen.sakura.ne.jp/db/cs_geninriyu/top.html
方言文法研究会編（2010）『全国方言文法辞典資料集（1）—原因・理由表現—』科研費報告書

［ま行］

馬瀬良雄（1977）「東西方言の対立」大野晋・柴田武編『岩波講座日本語11—方言』岩波書店

馬瀬良雄・岡野ひさの・杁山あつ子・伊藤祥子（1988）「言語行動における日本・台湾・マレーシア（マレー系）の比較―大学生の挨拶行動を中心に―」『国語学』155
松丸真大（2010）「方言話者のスタイル切換え」『日本語学 特集：言語接触の世界』29-14，明治書院
松本修（2010）『「お笑い」日本語革命』新潮社
松森晶子・新田哲夫・木部暢子・中井幸比古編著（2012）『日本語アクセント入門』三省堂
三井はるみ（2006）「おはようございます、こんばんは」『月刊言語』35-12，大修館書店
三井はるみ・井上文子（2007）「方言データベースの作成と利用」小林隆編『シリーズ方言学4 方言学の技法』岩波書店
三井はるみ（2009）「条件表現の地理的変異―方言文法の体系と多様性をめぐって―」『日本語科学』25，国立国語研究所
「宮城のむかし話」刊行委員会編（2005）『読みがたり宮城のむかし話』日本標準
宮岡伯人・崎山理編（2002）『消滅の危機に瀕した世界の言語』明石書店
室山敏昭（1971）「方言の擬声語・擬態語」『鳥取大学教育学部研究報告 人文・社会科学』22-1

[や行]

安田敏朗（1999）『「国語」と「方言」のあいだ』人文書院
柳田国男（1909）「後狩詞記」（『柳田國男全集5』筑摩書房（1989）所収）
柳田国男（1927）「蝸牛考」『人類学雑誌』42巻4・5・6・7号（『定本柳田國男集18』筑摩書房（1979）所収）
柳田国男（1943）「昔話の発端と結び」『昔話覚書』三省堂（『定本柳田國男集6』筑摩書房（1968）所収）
山浦玄嗣訳（2011）『ガリラヤのイェシュー 日本語訳新約聖書四福音書』イー・ピックス出版
山形とんと昔の会・山形県国語教育研究会編（2005）『読みがたり山形のむかし話』日本標準

主要索引

あ

アクセントの類別語彙表　39
アスペクト　44,74
「雨」の方言　24
アリガトー（買い物のあいさつ）　58
アルプスの少女ハイジ　112

い

イーテンキダ（朝のあいさつ）　56
「幾ら」の方言　24,81
意志形　20
Yes/No疑問文　40
糸魚川・浜名湖線　12
イメージ創出言語　106
〈依頼〉型　58
医療・福祉と方言　122
イル（居る）　12

う

ヴァーチャル方言　112,116
ウェルフェア・リングイスティクス　122
ウ音便　14
浮き上がり調　42
ウザイ　93,94
ウザッタイ　93
牛の鳴き声　52
打消形　12

打ちことば　116
「鱗」の方言　14
上向き待遇　74

え

ABAB分布　24
ABA分布　24
S字カーブ　78
遠隔地分布　26

お

おいでぇ　104
おいでませ山口へ　104
おいでやす　104
「お祝いを伝える」表現　62
大阪（方言）　48,60,84,88,94
大阪弁キャラクター　113
オキタカ（朝のあいさつ）　56
沖縄方言　8,58,96,108
おこしやす　104
オセワサマ（買い物のあいさつ）　58
オチ（関西的な会話）　66
オハヨーアリマス　56
オハヨーガンス　56
オハヨーゴザイマス　56
オハヨーサン　56
思って（ワ行五段動詞音便形）　88
オル（居る）　12
音韻調査報告書　12,120

主要索引

音韻分布図　12,120
「おんぶする」の方言　14

か

「顔」の方言　24
カギ（柿）　81
蝸牛考　16
カ行子音　34
ガ行子音　34
ガ行鼻濁音　34
格助詞・提題助詞　82
各地発生　26
〈確認〉型　58
過去形　14,20
カジュアル場面　82
蝸牛（かたつむり）　16,24
語りの型　70
ガデ・ガンネ類（原因理由）　50
可能動詞形　22
「かぼちゃ」の方言　26
から（理由の接続助詞）　88
カライモ（薩摩芋）　30
カラ類（原因理由）　50
「借りる」の方言　14
〜ガン（〜じゃないか）　30
関西地域の会話スタイル　64
関東　22,98
間投助詞　41,60,88

き

キーヒン（来ない）　88
擬音語・擬態語　52
疑似標準語　90
気づかない方言　86,90
規範意識　23
疑問文　40
逆周圏論的分布　20,24
九州（方言）　8,26,56,58,98
「教室ではく靴」の方言　96
共通語化　76,80
共通語化の度合い　82
共通語化率　78
共通語話者　111
近畿　18,98
近畿式アクセント　36

く

クスグッタイ　92
「薬指」の方言　14
クトゥ類（原因理由）　50
グロットグラム　28,94

け

形容詞の連用形　14
ケーヘン（来ない）　88
ケー類（原因理由）　50
ケセン語　122

結果態　44
けったい　84
ゲナ・ゲニャー（伝聞形式）　70
「煙」の方言　14
原因理由表現　50
謙遜嫁配慮　63

こ

交互型分布　24
口語法調査報告書　12,120
口語法分布図　12,120
コーヘン（来ない）　88
コーホート（同一年代出生集団）分
　　析　78
個人の志向性　108
来られ　104

さ

さ（間投助詞）　88
さかい（だから）　84
サカイ類（原因理由）　50
（歯・皮膚が）サクサクする　55
下げ核　38
「薩摩芋」の方言　30
サヨーナラ（買い物のあいさつ）　58
さらす（卑罵表現）　74
ザラッとする（悪寒）　55

し

使役形　20
「塩辛い」の方言　14
しくさる（卑罵表現）　74
《自己主張他者引き込み》タイプ　61
しさがる（卑罵表現）　74
ジシャガ（自動車教習施設の略
　　称）　98
ジシャコウ（自動車教習施設の略
　　称）　98
「地震」の方言　24
「舌」の方言　24
したっけ　90
下向き待遇　74
実時間の変化　30
自動車学校　98
自動車教習所　98
ジモ方言　116
「しもやけ」の方言　24
シャガク（自動車教習施設の略
　　称）　98
しやがる（卑罵表現）　74
シャコウ（自動車教習施設の略
　　称）　98
社交的尋ね　62
周圏論的解釈　16,56
周圏論的分布　16,24,26
順接仮定条件表現　48

消極的使い分け派　111
上昇式　39
消滅の危機にある言語　84,122
女子高生方言ブーム　100
尻上がりイントネーション　41
進行態　44,74
身体の痛みや違和感を表現するオノマトペ　55

す

―ズ／ジ　54
（歯が）ズイズイする　55

せ

正座（授業の開始・終了時の号令）　96
積極的使い分け派　111
積極的方言話者タイプ　111
積極嫁配慮　63
接続詞　60,82
接続助詞　82,88
《説明累加自己納得》タイプ　61
せば（では）　90
（喉が）セラセラする　55
全国一律型分布　24

そ

相対敬語　72
尊敬語　72

た

他者尊敬表現　72
WH疑問文　40
ダボ（あほ・ばか）　94
タラ（順接仮定条件）　48
単純化　23
「断定」の方言　14

ち

地域による違いと年齢による違い　28
チゲー　94
チッテル（進行態・結果態）　45
チットル、チッチョル（結果態）　45
地方のなまりが恥ずかしいか　86
中間方言　88
チリヨル（進行態）　45

つ

「通学区域」の方言　96
使い分け　80,82
ツッコミ　64,66
〜っぺ、〜べ（推量）　84
「梅雨」の方言　14

て

デ（原因理由）　50
定型表現　56,68,118
丁寧語　72

丁寧体　82
ている（進行態・結果態）　46
デカケルカ（朝のあいさつ）　56
でない（じゃない）　90
「手ぬぐいが凍る」の方言　26
伝播速度　29,94

と

ト（順接仮定条件）　48
ド（ト）（伝聞形式）　70
東京（方言）　44,48,60,93
東京式アクセント　36
等語線　24
東西対立分布　12,24
動作や変化の終了　46
東條操　8,121
同心円型分布　24
東北（方言）　54,56,68,98,108
ドーモ（買い物のあいさつ）　58
ドコエイクカ（朝のあいさつ）　56
土地のことばが好きか　86
土地のことばを残したいか　86
とびはね音調　42
飛火的伝播　26
ドフラ（かぼちゃ）　26
（胸・腹が）トヤカヤする　55
とる（結果態）　44
「とんぼ」の方言　24

な

「茄子」の方言　24
斜めの等語線　29
ナラ（順接仮定条件）　48
なんでやねん　116
ナンボ（いくら）　81
南北対立型分布　24

に

ニ（原因理由）　50
２型アクセント　36
西日本（方言）　18,44,76,96
ニセ方言　116
「鶏」の方言　54
人称詞　82

ね

—ネァ　54
ネオ方言　88
「猫」の方言　52

の

ノデ類（原因理由）　50
昇り核　38

は

バ（原因理由）　50
バ（順接仮定条件）　48

主要索引

（胸が）ハカハカする　55
（頭が）ハチハチする　55
発音負担の軽減化　23
ハヤイネ（朝のあいさつ）　56
半疑問イントネーション　42
判断逡巡派　111
ハンデ類（原因理由）　50

ひ

鼻音　34
否定形　18,20
否定形式　82
卑罵表現　74
「曾孫」の方言　14
標準語化　76
標準語形使用率　76

ふ

フォーマル場面　82
複雑型分布　26
副助詞「ごと」　26
「ふすま」の方言　24
物類称呼　12
文法の整合化　23
文末表現　70,84,118

へ

平進式　39
ヘン類（動詞否定辞）　18

ほ

母音体系　32
方言区画論　8,121
方言コスプレ　116
方言コンプレックス　100,106
方言殺人事件　100
方言CM　100
方言周圏論　16,121
方言ステレオタイプ　112,116
方言と共通語の使い分けの意識　80
方言によるおもてなし　106
方言のアクセサリー化　118
方言の社会的位置づけの変遷　102
方言プレステージ　102
方言に対する意識　86,108
方言を後世に残したい　86
方向を表す「サ」　28
ボーブラ（かぼちゃ）　26
ボケ（とツッコミ）　64,66
ボケ（あほ・ばか）　94
「細い」の方言　24
本土方言　8
本方言　116

ま

まず（まあ）　90
万葉集東歌　12

み

身内尊敬表現　72
見かけの時間の変化　30
見サ行く　28

む

昔話の結末句　68
昔話の発端句　68
昔話の様式性　68
無型アクセント　36

め

命令形　14,20
―メガス　54
―メグ　54
メッチャ（強調語）　94
めんそーれ　104

も

モチョカユイ（くすぐったい）　92
モチョカリ（くすぐったい）　92
モチョコイ（くすぐったい）　92
「桃太郎」の冒頭部分　70,72
モンデ類（原因理由）　50
モンナー（語りのことば）　70
もんね（よね）　90

や

役割語　113
やさしい日本語　123
休めんくて（休めなくて）　88
柳田国男　16,68,121
ヤヘン類（動詞否定辞）　18
山形県鶴岡市　78,81
やるぜよ！　116

ゆ

有声化　78,82

よ

ようきんしゃったね　104
寄ってたんせ　104
ヨッテ類（原因理由）　50
よりだったら（よりは）　90
よる（進行態）　44

ら

ラ行五段化　20
ラ抜きことば　22

り

リアル方言　112
リューキューイモ（薩摩芋）　30
琉球方言　8,11

主要索引

れ
連母音の融合　23,32

わ
（頭が）ワクワクする　55

を
「を」の呼称　96

ん
ン類（動詞否定辞）　18,88

編集協力：用松美穂
装丁・本文組版：大貫デザイン事務所　伊藤庸一

編著者紹介

木部暢子（きべ・のぶこ）
国立国語研究所時空間変異研究系教授
担当：1章1課・2課・5課・6課、2章1課〜4課・6課、4章1課・3課、5章6課

竹田晃子（たけだ・こうこ）
フェリス女学院大学文学部非常勤講師
担当：1章2課・5課・6課、2章6課

田中ゆかり（たなか・ゆかり）
日本大学文理学部教授
担当：5章1課・3課〜5課

日高水穂（ひだか・みずほ）
関西大学文学部教授
担当：1章3課・4課、3章4課・5課、4章4課・6課、5章2課

三井はるみ（みつい・はるみ）
國學院大學文学部教授
担当：2章5課、3章1課〜3課、4章2課・5課

方言学入門

2013年9月10日　第1刷発行
2022年4月20日　第5刷発行

編著者：木部暢子、竹田晃子、田中ゆかり、日高水穂、三井はるみ
発行者：株式会社　三省堂　代表者　瀧本多加志
印刷者：三省堂印刷株式会社
発行所：株式会社　三省堂
〒101-8371
東京都千代田区神田三崎町二丁目22番14号
電話　編集(03)3230-9411　営業(03)3230-9412
https://www.sanseido.co.jp/

落丁本・乱丁本はお取り替えいたします。
©Nobuko KIBE 2013
Printed in Japan
ISBN978-4-385-36393-6
〈方言学入門・144pp.〉

本書を無断で複写複製することは、著作権法上の例外を除き、禁じられています。また、本書を請負業者等の第三者に依頼してスキャン等によってデジタル化することは、たとえ個人や家庭内での利用であっても一切認められておりません。